MEHR GELD!

MIT EINEM POSITIVEN MONEY MINDSET

ZUR FINANZIELLEN FREIHEIT

CHRISTIAN EIGNER

INHALT

WARUM WIR UNS MIT GELD SO SCHWERTUN

Viele von uns kommen in Sachen Geld auf keinen grünen Zweig. Die Gründe sind mangelndes Wissen und eine seltsame Hassliebe. Schluss damit: Erforschen wir gemeinsam unser Money Mindset – und erfinden wir es neu.

Unser zwiespältiges Verhältnis zu Finanzen

Geld schenkt uns Freiheit und Flexibilität.
Doch statt es in positivem Licht zu sehen
und gezielt zu vermehren, halten wir es für den
Grund allen Übels. Zeit, Geld neu zu denken!

Erinnern Sie sich an Jule und Tim aus Ihrem Abi-Jahrgang? Sie immer freundlich und zugewandt, er tiefenentspannt und schlagfertig. Beide in allen Fächern unter den Besten, aber keine Streber. Auch außerhalb der Schule immer vorn dabei, ob beim Diskutieren oder beim Feiern. Sie hatte zu allem eine Meinung – er eine Lockerheit, die man selbst gern gehabt hätte. Was die beiden auch anpackten – es klappte gefühlt immer. Selbstzweifel? Fehlanzeige.

Natürlich hießen Jule und Tim an Ihrer Schule anders. Vielleicht gab es auch nur eine(n) von beiden oder gleich eine Handvoll – doch Leute wie sie kennt fast jeder: selbstbewusst, geradlinig, klar im Kopf. Jule und Tim wussten schon damals, was sie wollten.

Schnee von gestern? Von wegen! Während kürzlich auf dem Klassentreffen die meisten aus dem Jahrgang einfach 20 Jahre älter wirkten, standen zwei Leute im Mittelpunkt: Jule und Tim.

Beide wie früher souverän, entspannt und unerschütterlich auf sich und ihre Fähigkeiten vertrauend. Sie Ärztin mit zwei Kindern und Ferienhaus in Schweden – er Freiberufler im IT-Bereich mit beneidenswerter Work-Life-Balance und eigener Kneipe als Hobby. Von Geldsorgen keine Spur. Im Gegenteil: Wie beide zu vorgerückter Stunde verrieten, hatten sie bereits ein paar Jahre nach Ende des Studiums „genullt", also ihre ersten 100 000 Euro angespart. Er mit Aktien großer Tech-Firmen, sie mit Fondsanteilen.

Auch wenn wir es ungern zugeben: In diesem Moment mischte sich Neid in unsere Bewunderung. 100 000 Euro! Weitaus mehr, als wir selbst jetzt auf der hohen Kante haben. Überhaupt reagieren wir auf finanzielle Erfolge anderer zunehmend sensibel: Seit Jahren geben wir im Job unser Bestes – als Ingenieur, Lehrerin oder Produktmanager. Davon leben wir gut, doch am Monatsende ist das Geld weg. Altersvorsorge? Sporadisch. Vermögensaufbau? Keine Chance.

Immer öfter beginnt es sich dann zu drehen, das Gedankenkarussell: Wir müssten uns endlich um unsere finanzielle Zukunft kümmern! Dazu bräuchten wir mehr Geld. Das wir nicht haben. Aber brauchen wir Geld, um glücklich zu werden? Zu viel davon verdirbt den Charakter, das wussten schon die Großeltern. Die Hauptsache ist doch, dass unsere Liebsten und wir selbst gesund sind, oder? Das stand nicht nur für uns fest, sondern auch für unsere Freunde und Kollegen. Dachten wir zumindest.

Doch seit wir Jule und Tim wiedergesehen haben, nagt der Zweifel an uns. Andere Menschen gehen mit Geld offenbar anders um. Fühlten wir uns ihnen bislang nur deshalb zugehörig, weil wir nie mit ihnen über Geld sprachen? Oder haben wir bewusst weggehört? Auf einmal ist immer öfter die Rede von Sabbaticals, von längeren Pausen zwischen zwei Jobs und vom Vorhaben, früher in Rente zu gehen. Irgend etwas scheinen wir falsch gemacht zu haben. Offenbar können sich andere das leisten – warum nicht wir?

Bei Licht betrachtet kommen zwei Antworten infrage: Entweder verdienen die anderen mehr Geld als wir – oder sie machen mehr daraus. Ersteres lässt sich nicht sofort ändern, Letzteres sehr wohl. Dazu müssten wir dem Thema Geld jedoch Priorität einräumen, uns regelmäßig damit beschäftigen, es gewissermaßen gut finden. Wir müssten uns über unsere Einnahmen und Ausgaben klar werden, Sparpotenziale ausfindig machen und das eingesparte Geld dann profitabel anlegen.

Warum tun wir es nicht? Weil wir uns mit Finanzen zum einen nicht sonderlich gut auskennen. Zum anderen, weil sich etwas in uns dagegen sperrt. Geld macht keinen Spaß. Darüber zu reden ist uns unangenehm – sogar mit dem Partner oder der Partnerin, und erst recht im Freundeskreis. Wir fürchten, oberflächlich und unsympathisch zu wirken. Offenbar haben wir ein Problem mit Geld und offenbar sitzt es im Kopf. Das Thema ist negativ besetzt und zieht uns mental herunter. Kurzum: Unser „Money Mindset" blockiert uns.

MONEY MINDSET: Das Money Mindset – unsere „Denkweise über Geld" ist ein individuelles, komplexes Gebilde aus Einstellungen. Es bildet sich heraus durch äußere Einflüsse und selbst erworbene Überzeugungen. Je nachdem, ob es positiv oder negativ ist, beeinflusst es unsere finanziellen Entscheidungen. Ein positives Mindset ist eine Art Katalysator für finanziellen Erfolg, ein negatives Mindset kann diesen nachhaltig behindern.

Warum wir uns mit Geld so schwertun

DAS PRÄGT UNSER MONEY MINDSET

Unsere Einstellung zu Geld ist nicht zufällig,
sondern das Ergebnis von Prägungen.
Logische Folge: Wir können unser Mindset ändern.

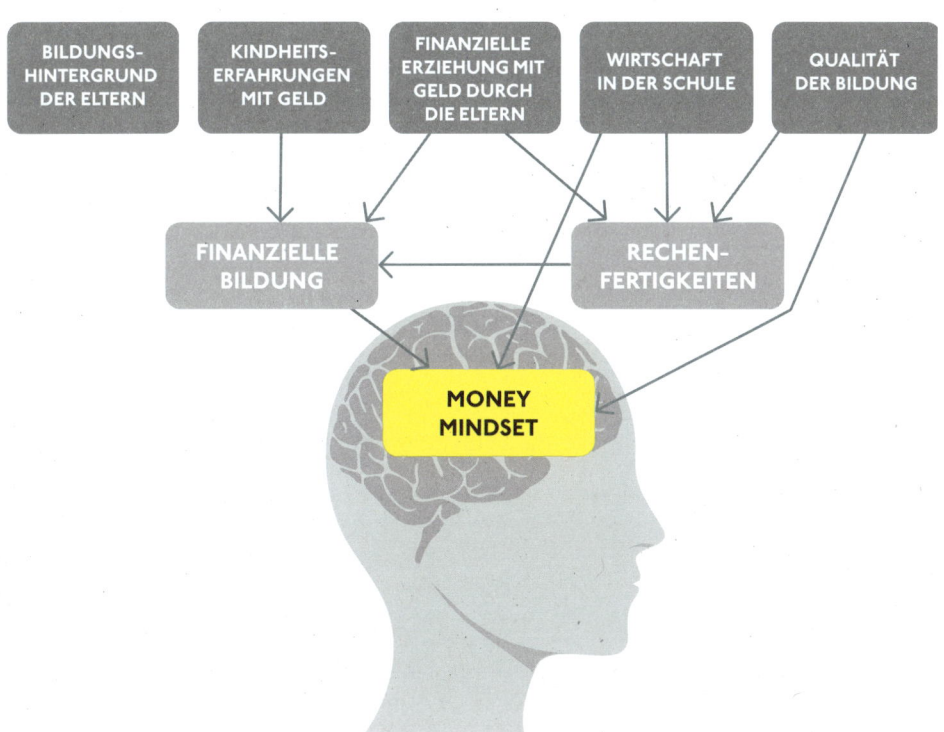

BILDUNGS-HINTERGRUND DER ELTERN

KINDHEITS-ERFAHRUNGEN MIT GELD

FINANZIELLE ERZIEHUNG MIT GELD DURCH DIE ELTERN

WIRTSCHAFT IN DER SCHULE

QUALITÄT DER BILDUNG

FINANZIELLE BILDUNG

RECHEN-FERTIGKEITEN

MONEY MINDSET

Quelle: Grohmann, Antonia; Menkhoff, Lukas (2015): Schule, Eltern und finanzielle Bildung bestimmen das Finanzverhalten. In: Baake, Pio et al. (Hrsg.): DIW Wochenbericht 28, Berlin, S. 659. Eigene Bearbeitung

Fluch oder Segen?
Was Geld für uns ist,
entscheidet sich im Kopf

Das Money Mindset vieler Menschen ist eher grau als bunt. Das liegt oft an einer negativen Prägung in Bezug auf Geld, an fehlendem Wissen und der daraus resultierenden Unsicherheit. Die Folge sind negative Assoziationen. Jenseits konkreter Geldsorgen verbinden wir mit abstrakten Begriffen wie „Vermögen" und „Reichtum" nicht Freiheit und Flexibilität, sondern Gier und Egoismus. Wir sehen das Schlechte in der Welt und glauben, Geld sei die Ursache dafür. Kein Wunder, dass wir uns nur ungern mit Geld beschäftigen.

Das hat Folgen. Menschen mit negativem Mindset leben häufig finanziell von der Hand in den Mund, haben – wenn überhaupt – nur in Ansätzen eine Übersicht über ihre Einnahmen und Ausgaben, gleichwohl jedoch beständig Sorge, dass das Geld nicht reicht. Auch an ihre finanzielle Zukunft denken sie mit Unbehagen.

Sie erkennen sich in dieser Beschreibung wieder, wollen diesen Zustand jedoch nicht länger hinnehmen? Prima. Begeben wir uns auf eine Reise – weg von begrenzenden Denkmustern und unstrukturiertem Handeln hin zu mehr finanzieller Freiheit. Dieses Buch hilft Ihnen, Ihr Money Mindset aus eigener Kraft zu verändern, Geld als etwas Positives anzusehen und es planvoll zu vermehren.

Ist das Ganze eine Art Gehirnwäsche? Nein. Haben Sie am Ende dieses Monats mehr Geld in der Tasche? Eher nicht. Ist das nächstes Jahr der Fall? Ziemlich sicher. Doch unser Projekt ist kein Sprint, sondern ein Marathon. Abgerechnet wird frühestens in zehn Jahren!

Die Challenge: Wir widmen uns hier unserem schlauesten, aber auch faulsten Organ – dem Gehirn. Es ist ein Meister im Optimieren und Aussortieren und folgt am liebsten ausgetretenen Pfaden – auch in Sachen Geld. Wir wollen es umpolen. Denk dich reich? Ganz so einfach ist es nicht. Neue Wege anzulegen erfordert Motivation und Beharrlichkeit. Hier ein Überblick, wie wir die Sache angehen:

EIGENE GELD-BIOGRAFIE ERFORSCHEN: Denken Sie zunächst in einer ruhigen Stunde darüber nach, welche Rolle Geld in Ihrem bisherigen Leben gespielt hat, wie Elternhaus oder Schule, sowie eigene Erfahrungen, die Sie in dieser Hinsicht geprägt haben – und was Sie möglicherweise gern ändern würden.

2 „GELD" NEU FRAMEN: Hinterfragen Sie Ihre Einstellung zu Geld. Ersetzen Sie negative durch positive Glaubenssätze. Wertschätzen Sie Geld als Mittel zum Zweck. Betrachten Sie es als Ausgleich für Ihre in Arbeit investierte Lebenszeit. Geld besitzt nicht nur ökonomischen Wert, sondern verleiht Sicherheit und reduziert Zukunftsängste. Erlauben Sie sich, Geld zu besitzen. Tasten Sie sich an den Gedanken heran, wohlhabend oder sogar reich sein zu dürfen.

3 EINNAHMEN UND AUSGABEN CHECKEN: Wer sein Geld vermehren will, muss einen Teil seiner Einnahmen sparen oder investieren. Der Unterschied: Sparen heißt, Zinsen zu kassieren – Investieren bedeutet, sein Geld an der Börse zu vermehren, gewisse Risiken eingeschlossen. Voraussetzung für beides ist der Überblick über die eigenen Finanzen: Was kommt rein und wie erhöhen wir unsere Einnahmen? Was geht raus und wie reduzieren wir unsere Ausgaben? Ziel ist es, ein stabiles Einnahmenplus zu erwirtschaften.

4 GEWINNBRINGEND ANLEGEN. Wer ein Vermögen aufbauen will, darf nicht nur selbst für sein Geld arbeiten, sondern muss umgekehrt auch sein Geld für sich arbeiten lassen. Das geht auf unterschiedliche Weise. Tarieren Sie Chancen und Risiken gemäß Ihrer Neigungen aus und suchen Sie sich passende Geldanlagen. Noch einfacher: Nutzen Sie ein bewährtes Konzept und passen Sie dieses individuell an. Das Buch liefert Ihnen beides: Konzept und Vorgehen.

5 MIT GELD GLÜCKLICH WERDEN. Dieses Buch hilft Ihnen, neue Denk- und Handlungsweisen in Ihr Leben zu integrieren. Sie selbst werden zufriedener sein, wenn Sie mit Ihrem Geld nicht nur sich, sondern auch anderen Gutes tun: Wer verantwortungsvoll konsumiert und von seinem Vermögen abgibt, ist auf dem besten Weg zu finanziellem Wohlbefinden. Geld verdirbt den Charakter? Wir beweisen gemeinsam das Gegenteil!

BLICKRICHTUNG ZUKUNFT: Halten wir noch einmal kurz inne, bevor es losgeht. Mag sein, dass wir in Sachen Geld und Geldanlage zehn oder 15 Jahre verschenkt haben – doch 20 oder 30 liegen noch vor uns! Versuchen wir deshalb nicht, den Rückstand durch riskante Investments möglichst schnell aufzuholen. Akzeptieren wir die Tatsachen und beginnen wir neu – mit Köpfchen.

Sich selbst optimieren –
muss das bei Geld
(auch noch) sein?

Spätestens mit dem Aufkommen des Smartphones und der Möglichkeit, enorme Mengen persönlicher Daten zu sammeln, auszuwerten und zu vergleichen, begann das „Zeitalter der Selbstoptimierung", wie es Trendforscher nennen. Bislang ist dieser Ansatz vor allem in den Bereichen Beruf, Gesundheit und Ernährung verbreitet – doch er lässt sich genauso gut auf das Thema Finanzen übertragen.

DAS OPTIMIERTE SELBST: Per Selbstoptimierung nähert man sich einem definierten Zielzustand an, indem man Verhaltensweisen, zum Beispiel die zurückgelegten Schritte oder die aufgenommenen Kalorien regelmäßig protokolliert und die so gesammelten Daten auswertet: Aus der Bestandsaufnahme leiten sich dann weitere Schritte ab. Häufig kommen technische Hilfsmittel wie Fitnesstracker und Smartwatches zum Einsatz.

Der entscheidende Vorteil: Durch digital gestütztes Self-Tracking mittels Schrittzähler, Pulsmesser und Co., also der permanenten Rückmeldung über das eigene Verhalten, lassen sich Fehlentwicklungen in Echtzeit ausmerzen und die Chancen auf Erfolg steigern.

Kritiker bemängeln, dass mit dem Self-Tracking technisch-ökonomische Maßstäbe in die Privatsphäre eindringen und Menschen dazu nötigen, optimal zu funktionieren. Doch niemand zwingt uns, unser Verhalten für ökonomische Zwecke oder in Konkurrenz zu anderen Menschen zu optimieren. Es steht uns frei, eigene Interessen zu verfolgen, zum Beispiel uns fitter und gesünder fühlen zu wollen.

Warum sollte – neben 10 000 Schritten pro Tag und dem Vorhaben, eine Fremdsprache zu erlernen – nicht auch ein Ziel lauten: Ich möchte mein Geld gezielt vermehren, um mich auf diese Weise abzusichern und mein Wohlbefinden zu steigern?

Längst buhlen Apps und Webseiten von Banken und Finanzportalen um unsere Aufmerksamkeit und bieten Echtzeitkurse, News, Analysen und Prognosen an. Neobroker ermöglichen es uns theoretisch, dutzende Wertpapiere pro Tag nur über einen Swipe zu kaufen und zu verkaufen. Per „Social Trading" kann jeder in wenigen

Schritten die Strategien echter oder selbst ernannter Anlageprofis kopieren. Hier ist jedoch Vorsicht geboten: Blindes Nachahmen kann schief gehen. Dagegen spart passives Investieren, zum Beispiel mithilfe eines monatlichen ETF-Sparplans, Zeit und Nerven und führt am Ende zu mehr Geld (siehe „Pantoffel-Portfolio", S. 98).

Fazit: Wer seine Effizienz steigern will, sollte sich nicht allzu sehr mit Finanz-Apps beschäftigen. Wie wäre es stattdessen mit der Pomodoro-Technik, mit der sich Aufgaben in handliche Portionen einteilen lassen? Schließlich wollen wir mehr Geld – nicht mehr Stress.

Geld allein macht nicht glücklich? Ohne sind wir erst recht arm dran

„Geld allein macht nicht glücklich, aber es ist besser, im Taxi zu weinen als in der Straßenbahn." Dieser Satz wird dem 2013 verstorbenen Literaturkritiker Marcel Reich-Ranicki zugeschrieben. Einerseits haben wir gegen Bequemlichkeit nichts einzuwenden. Andererseits fühlen wir uns verpflichtet, diesem Laster nicht zügellos zu frönen.

Vor die Wahl gestellt, hätten die meisten von uns gern mehr Geld. Kein Wunder – würde es doch unsere Handlungsoptionen erweitern und uns ein Gefühl von Sicherheit und Zufriedenheit vermitteln. Im Gegensatz dazu sorgen ein auf Kante genähtes Haushaltsbudget und ein Minus auf dem Girokonto für Unruhe und Stress.

Nun sind die wenigsten Menschen hierzulande weder arm noch reich. Wie viel müssen wir also besitzen, um Glück zu verspüren?

MEHR GELD – MEHR GLÜCK: Im Jahr 2010 fanden Daniel Kahneman und Angus Deaton von der Princeton University in einer Studie heraus, dass das Glücksempfinden ab einem Jahreseinkommen von 75 000 US-Dollar nicht mehr steigt. 2021 ergab eine Studie der University of Pennsylvania jedoch, dass das Glück vom emotionalen Wohlbefinden abhängt: Wer generell unglücklich ist, verspürt ab 100 000 Euro Einkommen keinen Glückszuwachs mehr, während sich dieser bei glücklichen Menschen jenseits der Grenze sogar beschleunigt.

Als Begründung für die Glücksgrenze sehen Psychologinnen und Psychologen die Tatsache an, dass ab einem bestimmten – und offenbar individuell unterschiedlichen – Einkommen dessen Grenznutzen abnehme. Das bedeutet: Ab dieser Grenze haben Menschen das Gefühl, dass weitere Gehaltssteigerungen nicht mehr zufriedener machen, sondern dass sie diese mit Einbußen in Sachen Lebensqualität bezahlen müssen: Entweder verbringen sie dann zu wenig Zeit mit der Familie oder angesichts ihres Arbeitspensums leidet ihre Gesundheit. Zudem kann Geld echte Werte nicht ersetzen: Wer sich vergeblich eine Familie wünscht, an einer schweren Krankheit leidet oder sich mangels sozialer Kontakte einsam fühlt, den machen auch angehäufte Millionen nicht glücklich.

BIN ICH REICH: Um als Gutverdiener zu gelten, ist in Deutschland kein astronomisches Einkommen nötig. Ab einem Monatsnetto von 3 892 Euro zählt man zu den am besten verdienenden 7 Prozent. Der Soziologe und Glücksforscher Jan Delhey von der Universität Magdeburg berichtet, dass sich in Befragungen viele Akademiker und Akademikerinnen wundern, wie weit oben im Ranking sie stehen. Grund sei die relativ geringe Einkommensschere im Vergleich zu Ländern wie den USA.

Der durch Studien belegte, dennoch etwas überraschende Befund: Um glücklich – oder zumindest nicht unglücklich – zu sein, müssen wir nicht zwingend reich sein. In finanzieller Hinsicht genügt uns ein Mitschwimmen im Strom. Am besten geht es uns, wenn uns der Blick über den Gartenzaun oder ein Gespräch im Kollegenkreis verrät, dass die Menschen um uns herum materiell in vergleichbaren, vielleicht sogar etwas schlechteren Verhältnissen leben.

Das ist zuweilen gar nicht so einfach zu erkennen, da uns soziale Normen vermeintlich verbieten, mit anderen Menschen über Geld zu reden. In der Regel leiden wir deshalb an einem Mangel an belastbaren Informationen – und können uns nur mit Mühe in eine „Wohlstandshierarchie" unseres Umfelds einordnen.

Oft behelfen wir uns dann mit Schätzungen, indem wir zum Beispiel beobachten, welches Auto und welche Kleidung sich die anderen leisten, und indem wir deren Konsumverhalten mit unserem eigenen vergleichen. Das führt zwangsweise zu Fehlern. Tendenziell unterstellen wir anderen Menschen ein zu hohes Einkommen – und verorten uns selbst in der Einkommenshierarchie zu weit unten.

GELD MACHT DOCH GLÜCKLICH!

Werfen wir einen Blick in unsere Zukunft:
Menschen über 60 sind umso zufriedener,
je höher ihr Pro-Kopf-Einkommen liegt.

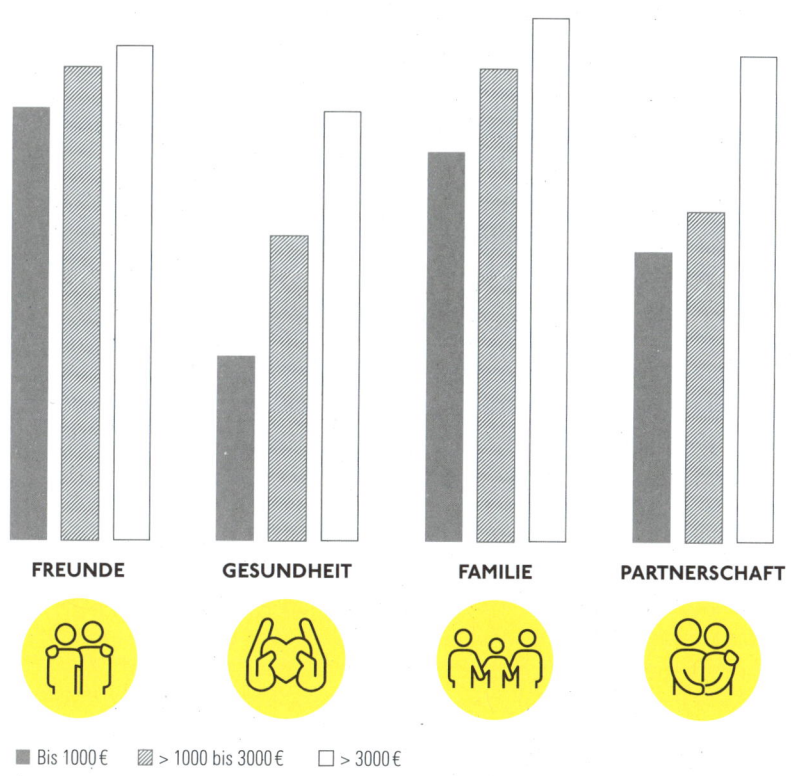

FREUNDE   GESUNDHEIT   FAMILIE   PARTNERSCHAFT

■ Bis 1000 €   ▨ > 1000 bis 3000 €   ☐ > 3000 €

Auf einer 5-stufigen Antwortskala von „sehr zufrieden", „ziemlich zufrieden", „eher zufrieden", „eher
unzufrieden" und „unzufrieden". Quelle: Universität Leipzig, Medizinische Psychologie und medizinische Soziologie; Umfrage: Usuma Berlin 2020, Befragte aus Deutschland.

Fassen wir zusammen: Ein Mega-Einkommen oder Lotto-Millionen allein garantieren noch kein schöneres Leben. Wer nicht auch mit weniger Geld fähig ist, Glück oder Freiheit zu empfinden, wird dies auch mit viel Geld nicht können. Geld kann uns Sorgen und Ängste nehmen – doch echtes Glück ist viel mehr als das.

Die Sache mit dem neuen Rahmen oder die Frage: „Wollen Sie reich sein?"

Betrachten wir Geld ausschließlich ökonomisch, kann es nur eine Devise geben: Je mehr, desto besser. Wir würden dann ohne Skrupel unseren materiellen Vorteil suchen und danach streben, diesen zu maximieren. Geld wäre das Mittel, um diesen Zweck zu erreichen. Womit das Prinzip des „Homo oeconomicus" umrissen ist.

Lange gingen Forschende in den Wirtschaftswissenschaften davon aus, dass dieses Modell menschliches Verhalten hinreichend erklärt. Wie sich herausstellte, waren sie im Irrtum: Beim Homo sapiens sapiens geht es nie nur um reine Vernunft und nackte Zahlen.

Genauso mächtig wie Fakten und Wenn-dann-Kalkulationen sind Emotionen. Oft genug kommen sie uns in Gelddingen in die Quere – im Guten wie im Schlechten. So lassen uns Gefühle wie Neid und Gier Dinge kaufen, die wir nicht brauchen. Andererseits bewahren uns Mitmenschlichkeit und Großzügigkeit davor, als reine Egoisten und seelenlose Profitgeier zu leben.

Jetzt die entscheidende Frage: Wären wir trotzdem gern reich? Die Antwort fällt uns schwer. Warum eigentlich? Was ist es, dass uns zögern oder sogar „nein" sagen lässt? Nicht allzu gewagte These: Es sind die negativen Assoziationen, die uns unser Gehirn beim Begriff „Reichtum" liefert – von den Zweifeln, überhaupt derart viel Geld ansammeln zu können („Das schaffe ich nie!"), über fehlende Energie und Disziplin („Das dauert ja ewig!") bis hin zu den Eigenschaften, die wir Reichen zuschreiben („So will ich nie werden!").

Reich – je öfter wir das Wort wiederholen, desto seltsamer wird die Sache. Wir denken dann vielleicht an Dagobert Duck und Ebeneezer Scrooge, an Elon Musk und Jeff Bezos – und schon sind wir nicht mehr uneingeschränkt positiv. Schon absurd: Überall anders ist Reichtum etwas Schönes und Erstrebenswertes. Wir sind gern reich an Erfahrung und reich an Know-how. Unser Müsli ist reich an Ballaststoffen und unser Garten reich an Blumen.

Nur in Bezug auf Geld verbinden wir Reichtum mit Egoismus, Oberflächlichkeit und Gier. Damit wollen wir uns keinesfalls identifizieren – und auch nicht mit denen, die diese Eigenschaften verkörpern. Neben Geizhälsen aus der Weltliteratur und abgehobenen Milliardären aus Übersee begegnen uns im Reichen-Kosmos auch dümmliche Reality-TV-Helden und schrille Social-Media-Stars.

ALLES EINE FRAGE DES FRAMINGS: Ist es Ihnen unangenehm, reich zu sein? Wie wäre es mit wohlhabend, gut situiert oder finanziell frei. Besser? Herzlichen Glückwunsch, Sie haben Ihr erstes bewusstes Reframing absolviert! Der Begriff bezeichnet in der Psychologie eine Technik, mit deren Hilfe wir Dinge in einen neuen Rahmen (engl. „frame") setzen und sie so aus einer anderen Perspektive betrachten können.

„Ich will finanziell frei sein." Diese Aussage geht uns erstaunlich leicht über die Lippen. Also Haken dran? Moment, das war nur der erste Schritt. Prompt fallen uns nach alter Gewohnheit Tausend Gründe ein, warum finanzielle Freiheit doch unerreichbar ist. Stoppen wir die Negativspirale mit sechs weiteren Übungen für ein umfassendes Geld-Reframing.

Reframing Money in sechs Übungen – so bürsten wir unser Gehirn gegen den Strich

Sein Gehirn zu überlisten ist kein Fingerschnippen – aber auch keine Raketenwissenschaft. Gewohnheiten zu ändern bedarf der Wiederholung. Doch wie verhindern wir das Abgleiten in alte Muster? Stellen wir uns ein Alarmglöckchen in unseren Köpfen vor, dass wir gedanklich zum Klingeln bringen, sobald wir die frühere Lustlosigkeit gegenüber Geld verspüren. Versuchen wir, uns umgehend aus unserem Tief herauszuholen – wir setzen rigoros auf positives Denken!

AUF KONSUM VERZICHTEN? SICH SELBST BEZAHLEN! Geld zurückzulegen assoziierten wir bisher eher mit Knausern, Den-Gürtel-enger-schnallen und penibler Buchführung. Drehen wir den Spieß doch mal um: Wir sind unser eigener Arbeitgeber. Bevor andere etwas von unserem hart verdienten Geld bekommen, zahlen wir uns zunächst ein eigenes Gehalt aus – am besten auf ein separates Konto (siehe „Mehrkontenmodell", ab S. 87).

AUSGABENKONTROLLE? GEHALTSERHÖHUNG! Viele von uns haben am Monatsende kaum Geld übrig, obwohl das Gehalt eigentlich stimmt. Manche leben gar dauerhaft aus dem Dispo. Natürlich ist ein Check aller Ausgaben wichtig, ebenso die Frage nach neuen Einnahmequellen. Verlieren wir uns aber nicht im Klein-Klein! Die größte Stellschraube für dauerhaft mehr Geld ist die Erhöhung unseres eigenen Gehalts (siehe „Exkurs: Gehalt zu niedrig?" S. 70).

ARM ABER SEXY? REICH(ER) UND GLÜCKLICH! Glaubt man der Klatschpresse, sind Stars und Promis oft in Rosenkriege verwickelt oder andere teure Gerichtsprozesse verstrickt. Macht Reichtum etwa unglücklich? Nein – alle Statistiken sagen das Gegenteil. Erkennen wir diese Wahrheit an – und streben wir selbst nach unserem Stück vom Kuchen (siehe Statistik, S. 13).

DROHENDE KRISE? VIELVERSPRECHENDER AUFSCHWUNG! Werden manche von uns innerhalb der nächsten 20 Jahre arbeitslos, schwer krank oder lassen sich scheiden? Eventuell. Kommt irgendwann die nächste Finanzkrise? Wahrscheinlich. Machen Zinseszinseffekt und Börsenentwicklung aus heute angelegtem Geld in 20 Jahren trotzdem ein kleines Vermögen? Ziemlich sicher! Blicken wir optimistisch in die Zukunft: Vereinzelte Krisenjahre sind kein Argument gegen langfristigen Vermögensaufbau. Wer per Sparplan in Fondsanteile investiert, kann seine Rate jederzeit flexibel anpassen und auf das Guthaben zugreifen (siehe „Pantoffel-Portfolio", S. 98).

ZOCKEREI? ALTERSVORSORGE! Wir empfanden eine Altersvorsorge mit Aktienfonds bisher als Spekulation? Wir wollen weder Profitgier noch Waffenhandel unterstützen? Wir haben Angst, dass unser Erspartes morgen weg sein könnte? Konzentrieren wir uns doch auf die Fakten: Ein ETF-Sparplan auf einen Tausende Aktien weltweit umfassenden Index wie den MSCI World hat nichts mit Zockerei zu tun und wird von Finanztest empfohlen. Wer nachhaltig anlegen will, findet längst grüne Fonds. Totalverluste lauern vor allem beim schnellen Geld (siehe ab S. 120)

RAFFGIER? SPENDENBEREITSCHAFT! Mag sein, dass Geld den Charakter verdirbt. Vielleicht waren Reiche aber auch schon als arme Schlucker gierig und oberflächlich. Eventuell sind einige von ihnen auch gar keine schlechten Menschen. Geben wir nichts auf Anekdoten und Sprichwörter. Beweisen wir uns und anderen, dass man mit Geld Gutes tun kann (siehe auch ab S. 167).

Unser Money Mindset – wo kommt es her?

Von Kindesbeinen an werden wir in Sachen Geld geprägt. Noch bevor wir uns selbst ein Bild machen können, hat uns unser Umfeld bereits seine Sicht der Dinge vermittelt.

Geld ist für die meisten von uns viel mehr als ein Zahlungsmittel. Es ist eine riesige Projektionsfläche für unsere Träume und Wünsche, aber auch für Sorgen und Ängste. Die Art und Weise, wie wir über Geld nachdenken, folgt gewissen Mustern, ist aber grundsätzlich individuell. Man kann sogar sagen: Jeder Mensch besitzt eine eigene Geld-Persönlichkeit. So hält der eine sein Geld zusammen, weil ihm das ein Gefühl von Sicherheit vermittelt. Ein anderer gibt es mit Vorliebe aus, um sich seines Wohlstands zu vergewissern und sich von anderen abzuheben. Manche Leute machen niemals Schulden, andere finanzieren jede Anschaffung per Kredit.

Werfen wir einen Blick darauf, woher diese Sichtweisen stammen und wie sie unser Handeln bestimmen. Unser Money Mindset können wir uns dabei als eine Art Brille vorstellen, durch die wir auf das Thema Geld blicken. Diese Brille hilft, Entscheidungen schnell und effizient zu treffen, weil sie bestimmte Informationen in den Blick rückt, während sie andere ausblendet. Psychologen bezeichnen solche der Vereinfachung dienenden Strategien als Entscheidungsheuristiken. Der Volksmund nennt sie schlicht: Faustregeln. Viele dieser Faustregeln sind denkbar einfach formuliert – und oft genug sachlich falsch oder zumindest diskutabel.

Wie uns Eltern-Botschaften und finanzielle Faustregeln ein Leben lang behindern

Ob arm oder reich, sparsam oder großzügig – jede und jeder von uns ist in einem Umfeld aufgewachsen, in dem Geld eine Rolle spielte. Nicht, dass permanent darüber gesprochen wurde – in vielen Familien funktioniert die Erziehung in Geldfragen indirekt. Da war vielleicht der Vater, der jede Mark dreimal umdrehte und überall Verschwendung witterte. Die Mutter, die immer Angst vor Überschuldung und Insolvenz hatte. Oder die Großeltern, die einem mit jedem Geldschein eine Mahnung zusteckten, immer fleißig zu sparen.

WIE WIR GEPRÄGT WERDEN: Wie der Sozialpsychologe Rudolf Haubl herausfand, kommuniziert vor allem das Elternhaus so genannte Geldbotschaften, zum Beispiel in Form von Sprichwörtern und Redewendungen. Darüber hinaus lernen wir durch eigene Beobachtung: Wie gehen unsere Bezugspersonen mit Geld um? Welche Wünsche, Hoffnungen und Ängste verbinden sie damit?

Unsere frühe Prägung in Sachen Geld bestimmt unser späteres Denken – vor allem gibt es den Rahmen vor, in den wir das Thema stellen. Vertrauen wir darauf, dass immer genügend Geld da ist, oder rechnen wir stets mit einer Pleite? Wollen wir Geld in physischer Form im Geldbeutel stecken oder im Bankschließfach liegen haben – oder hantieren wir damit lieber virtuell per Online-Banking?

Eine entscheidende Rolle für unser Mindset spielt unsere Herkunftsfamilie. Waren große Urlaube, teure Autos und wertvolle Geschenke in unserer Kindheit Normalität oder Ausnahme? War Wohlstand zwar vorhanden, ihn zu zeigen aber verpönt? Wurden Finanzfragen offen diskutiert oder über Geld nie wirklich gesprochen?

Geht es darum, Entscheidungen im Zusammenhang mit Geld zu treffen, benutzen wir Muster, die wir durch Zuhören und Beobachten übernommen und verinnerlicht haben: Statt jeden Sachverhalt umfassend zu analysieren, bedienen wir uns der erwähnten Entscheidungsheuristiken, das heißt: Vereinfachungsregeln. Diese beruhen häufig nicht auf nachprüfbaren Fakten, sondern auf moralischen Appellen und pseudo-rationalen Erwägungen. Beispiele dafür sind: Mit Geld zu protzen gehört sich nicht. Schulden machen führt in den Untergang. Die Börse ist nur etwas für Experten.

FINANZIELLER LEBENSLAUF: Jeder Mensch besitzt eine Geldbiografie, wie sie Birgit Happel im Buch „Geld und Lebensgeschichte" beschreibt. In Bezug auf ihre Prägungen lassen sich Menschen entweder zum Nachahmungs- oder zum Abgrenzungstyp zählen. Erstere übernehmen Erfahrungen, etwa aus dem Elternhaus, in ihr Denken und Handeln – letztere treffen Entscheidungen, die ihrer Prägung zuwiderlaufen. Das Reflektieren der eigenen Geldbiografie ist ein wichtiger Schlüssel, um Veränderungen im eigenen Umgang mit Geld zu etablieren.

Exkurs: Warum viele Millennials finanziell auf keinen grünen Zweig kommen

Mit Fleiß und Sparsamkeit konnte man nach Ende des Zweiten Weltkriegs weit kommen im Westen des geteilten Deutschlands. Wer Arbeit hatte, konnte es zu einem kleinen Vermögen bringen. Haus, Auto und Urlaub wurden zu Symbolen des Wirtschaftswunders, das weiten Teilen der Bevölkerung ökonomischen Wohlstand brachte.

Doch die Zeiten änderten sich: Nachfolgende Generationen standen in Bezug auf ihre Lebens- und Finanzplanung vor anderen, oft schwierigeren Aufgaben. Verglichen mit den vor ihnen geborenen Babyboomern (1955 bis 1964) und der Generation X (1965 bis 1979) starteten die zwischen 1980 und 1995 geborenen Millennials – auch Generation Y genannt – im Schnitt deutlich später und unter anderen Bedingungen ins Berufsleben: Bei den älteren von ihnen fiel der

Berufsstart in die Wirtschaftskrise zwischen 2007 und 2009. Viele hangelten sich zunächst durch schlecht oder nicht bezahlte Praktika und landeten dann in mies bezahlten Jobs. Wir erinnern uns: Der Mindestlohn wurde in Deutschland erst 2015 eingeführt. Auch Einstellungsstopps, unbezahlte Überstunden und befristete Verträge gehörten für die Generation Y zum Alltag. Bis zur ersten Festanstellung dauerte es entsprechend länger – von weiteren Karriereschritten ganz zu schweigen.

Immerhin konnten sich viele der heute um die 40-Jährigen von ihrem schwierigen Start ins Berufsleben erholen. Ihnen kommt zugute, dass sie im Schnitt weniger Studienschulden als Millennials um die 30 haben. Sie leisten sich öfter Wohneigentum und bekommen häufiger Kinder. Dennoch sprechen Forschende von der am besten ausgebildeten und am schlechtesten bezahlten Generation. Im Vergleich zu ihnen verdienen viele Vertreter der ihnen nachfolgenden Generation Z im selben Alter deutlich mehr Geld.

Die wirtschaftlichen und gesellschaftlichen Entwicklungen der vergangenen Jahrzehnte – nicht zuletzt der Boom prekärer Beschäftigungsverhältnisse und das Zinstief – hatten gravierende Folgen für die finanziellen Möglichkeiten der Millennials: Der gezielte Aufbau von Rücklagen – etwa als Eigenkapital für eine Immobilienfinanzierung – kam für viele, wenn überhaupt, nur schleppend in Gang.

Ihre statistisch gesehen geringeren eigenen Ressourcen erweisen sich für die Millennials als Generation als schweres Handicap. Immerhin fließt vielen von ihnen Vermögen von ihren Eltern zu.

ERBE FEST EINGEPLANT: Teile der Generation Y können ihre finanzielle Zukunft bedeutend stärker als frühere Generationen auf Schenkungen und Erbschaften gründen. In einer Umfrage des Meinungsforschungsinstituts Cicero im Auftrag des Vermögensverwalters Columbia Threadneedle gaben 40 Prozent der Befragten an, dass sie ohne diese Zuwendungen „finanziell schwer getroffen" wären. Ein Drittel der Befragten setzt diese eher für Konsum statt für die Vermögensbildung ein.

Die oft unterstellte Haltung, es gehe ihnen weniger um Geld und mehr um den Sinn der Arbeit, sie hätten also keine finanziellen Ambitionen, hat bei Lichte betrachtet handfeste ökonomische Gründe. Immerhin ist sie nicht nur gebildet und flexibel – ihre Vertreter können auch finanzielle Unsicherheit vergleichsweise gut aushalten.

Warum wir uns mit Geld so schwertun

EINE FRAGE DER GENERATION

Nicht nur die Einstellung zu Geld wandelt sich. Gleiches gilt für die Begriffe und finanziellen Lebensziele.

BABY-BOOMER
Geboren: 1946 – 1964
Kennzeichen: Familie, Haus, Garten, Vermögensaufbau.
Zeitgeist: Wirtschaftswunder

GENERATION X
Geboren: 1965 – 1979
Kennzeichen: beruflicher Erfolg, Reichtum, Konsum
Zeitgeist: Alles ist möglich

GENERATION Y
Geboren: 1980 – 1994
Kennzeichen: Bildung, Ambitionen, Nachhaltigkeit
Zeitgeist: Generation Praktikum

GENERATION Z
Geboren: 1995 – 2010
Kennzeichen: digital, selbstbewusst
Zeitgeist: Die Zukunft

Beziehungskiller Geld – warum wir besser schnell für klare Verhältnisse sorgen

Unser durch Erziehung und soziales Umfeld geprägtes und durch den Zeitgeist überformtes Money Mindset tragen wir nicht nur mit uns herum – sondern auch in Partnerschaften hinein. Der Umgang mit dem Thema „Geld in Beziehungen" stellt tatsächlich für die Beteiligten eine ganz besondere Herausforderung dar. An ihm lassen sich in den meisten Fällen sowohl das interne Machtgefüge als auch die Kommunikationsfähigkeit der Partner erkennen.

Bemerkenswert: Wer nicht mit Freunden über Gehalt, Erbschaft oder Kontostand spricht, tut es auch oft nicht mit der Partnerin oder dem Partner. Statt sich frühzeitig und offen über ihre Einstellungen zu Geld auszutauschen, tabuisieren viele Paare das Thema, weil sie glauben, Reden über Geld schade der unverfälschten Liebe. Dabei ist genau das Gegenteil der Fall: Wer seine Einstellungen zum Geld verschweigt, riskiert schwere Konflikte – häufig nicht erst dann, wenn der romantische Rausch dem Alltag gewichen ist.

LIEBE UND GELD: Eine Studie von Jeff Dew an der University of Virginia aus dem Jahr 2009 ergab, dass Streitereien über finanzielle Themen die Wahrscheinlichkeit einer Trennung um 70 Prozent steigen lassen. Damit rangiert Geld weit vor anderen klassischen Streitthemen in Partnerschaften wie der Aufteilung der Hausarbeit. Knackpunkte sind häufig das unterschiedliche Spar- und Konsumverhalten sowie Einkommensunterschiede und damit verbundene Verteilungsfragen.

Paartherapeuten raten dazu, sich möglichst früh über den Abschluss eines Ehevertrages, die Aufteilung des Haushaltseinkommens und das Bestreiten der gemeinsamen Ausgaben zu verständigen. Auch ob ein gemeinsames Konto eröffnet werden soll, wie viel jeder darauf einzahlt und wer das letztlich entscheidet sind essenzielle Punkte. Konfliktträchtig sind auch individuelle Konsumwünsche sowie unterschiedliche Spar- und Sicherheitsbedürfnisse beider Partner.

In der Praxis schwelen unbesprochene Kritikpunkte, etwa übertriebene Sparsamkeit oder einseitige Machtverteilung in Gelddingen, oft jahrelang unter der Oberfläche. Kommt der geeignete Auslöser, etwa eine akute finanzielle Notlage oder ein Streit über eine größere Anschaffung, entladen sich auch diese tieferliegenden Konflikte. Im schlimmsten Fall führen diese zum Bruch der Beziehung.

Wer eine Beziehung eingeht, sollte deshalb neben allen anderen Dingen so früh wie möglich das Thema Finanzen ansprechen und sich zuvor eigene Wünsche und Vorstellungen bewusst machen.

Ein negatives Mindset zu ändern heißt, ein richtig dickes Brett zu bohren

Dass Geld eine überragende Bedeutung für uns besitzt, ist durch Studien vielfach belegt. Spannend sind oft die Details: So fanden die Meinungsforscher vom britischen YouGov-Institut 2019 heraus, dass unsere Gedanken nach den Themen Familie und Gesundheit am häufigsten um Finanzen kreisen. Bei Männern rangiert Geld sogar auf Platz zwei – noch vor der eigenen Gesundheit.

So weit, so einleuchtend. Das Bemerkenswerte an der Studie war jedoch die Beobachtung der Befragten an sich selbst, wonach im Durchschnitt über ein Viertel aller Gedanken an Geld negativ geprägt war – und damit deutlich mehr als bei Themen wie Partnerschaft, Beruf und Familie. Insbesondere traf dies für Frauen sowie Menschen zwischen 30 und 60 Jahren zu.

Das heißt: In der Rush hour unseres Lebens, in der Karriere, Familie und Vermögensaufbau eine wichtige Rolle spielen sollten, ist Geld für viele von uns ein heikles Thema oder sogar ein Stressfaktor. Eine mögliche Erklärung dafür: ein negatives Money Mindset.

Tatsächlich stellen sich beim Thema Geld bei vielen Menschen nahezu automatisch negative Emotionen ein: Neid und Missgunst, Ratlosigkeit und Übellaunigkeit oder auch Angst. Das bleibt nicht folgenlos: Wer Geld als etwas Negatives sieht, wird sich nur widerwillig und kaum regelmäßig damit beschäftigen.

Fahren wir jedoch in finanziellen Angelegenheiten ausschließlich auf Sicht und legen uns nicht irgendwann eine Strategie zurecht, werden Wünsche nach finanzieller Sicherheit, unbeschwertem Konsum und einem wachsenden Vermögen kaum Realität werden.

Warum aber ist es so schwer, ein negatives Money Mindset zu ändern? Warum werden elterliche Erziehung und soziale Prägung mit den Jahren nicht durch eigene Wünsche und Erfahrungen positiv überschrieben? Das Forschungsinstitut Sinus Sociovision ging der Frage bereits 2004 im Auftrag der Commerzbank nach. In der Studie „Die Psychologie des Geldes" finden sich sechs Thesen, die auch fast 20 Jahre später noch zeitgemäß erscheinen – lediglich Punkt 5 ändert sich dank App-Brokern zum Glück zunehmend:

1 GROSSES TABU: Ausgehend von der Weisheit „Über Geld spricht man nicht" konstatierten die Forschenden, dass Geld zu den gesellschaftlichen Tabuthemen gehöre. Weder Menschen mit viel noch jene mit wenig Geld redeten offen darüber. Gründe seien die Furcht vor Neidern beziehungsweise schlicht Scham.

2 SCHLECHTES IMAGE: Geld haftet der Ruf an, anrüchig zu sein. Folglich gelten Menschen, die sich intensiv damit beschäftigen, tendenziell als oberflächlich und unmoralisch. Zudem stehen sie im Verdacht, andere übervorteilen und abzocken zu wollen.

3 HOHE KOMPLEXITÄT: Die Vielfalt der Produkte im Anlagebereich, der hohe Abstraktionsgrad der Geldmärkte und der Fachjargon der Branche schrecken viele Menschen ab. Folgen sind Angst und Unsicherheit, die wiederum zur Verdrängung des Themas führen.

4 LANGE ZEITRÄUME: Viele Menschen befürchten, ihre Anlageentscheidungen könnten sich in 20 oder 30 Jahren als Fehler entpuppen. Daher vermeiden sie, sich langfristig festzulegen und versäumen, ihre Altersvorsorge rechtzeitig zu planen. Ergebnis: Sie fangen zu spät an und verschenken deutlich höhere Renditen.

5 UNMÜNDIGKEIT: Vor allem junge Leute und Frauen neigen dazu, ihre Finanzen in die Hände anderer zu legen. Sie scheuen die Verantwortung und sind wenig motiviert, sich dem Thema zu widmen. Auf diese Weise geraten Sie in eine ungute Abhängigkeit von den Entscheidungen und dem Geld anderer.

6 GERINGER NUTZEN: Insbesondere in Niedrigzinsphasen fehlt Menschen die Motivation, sich mit Finanzen zu beschäftigen. Ein hoher Aufwand an Zeit und Energie steht einem geringen Nutzen gegenüber. Zudem lässt sich so kaum Sozialprestige erlangen.

PACKEN WIR'S AN – WAS SIND IHRE ZIELE?

Jetzt sind Sie dran: Was nehmen Sie sich in Sachen Geld und Money Mindset vor? Was wollen Sie unbedingt ändern?

GUTE VORSÄTZE IN SACHEN GELD

Ich möchte Geld in Zukunft neutral bis positiv betrachten.

Ich möchte mich mehr mit Geld und Finanzen beschäftigen.

Ich möchte einen Überblick über mein / unser monatliches Haushaltsnettoeinkommen haben.

Ich möchte meine Ausgaben im Überblick haben.

Ich möchte reich / wohlhabend sein und ein gutes Leben führen.

Ich möchte mein Geld möglichst sicher, aber auch möglichst gewinnbringend anlegen.

Ich möchte Rücklagen aufbauen und möchte mich dafür vor mir selbst nicht rechtfertigen müssen.

_____

_____

_____

_____

_____

_____

_____

_____

_____

Natürlich treffen nicht alle Punkte auf alle Menschen zu. Manche schreckt eher die Komplexität des Themas ab, andere sind wie gelähmt von den langen Zeiträumen und schieben das Thema auf.

Fällt Ihnen etwas auf? Es ging jetzt seitenlang um unsere Einstellung gegenüber Geld – aber was wissen wir eigentlich über unser Geld an sich? Zeit, zu den Anfängen zurückzugehen.

Was Geld ist – und wie wenig wir darüber wissen

Den längsten Teil ihrer Geschichte hat die Menschheit ohne Geld zugebracht. Dessen Erfindung ermöglichte erst das Entstehen der heutigen arbeitsteiligen Gesellschaften.

Ob Zaster oder Kröten, Knete oder Cash, Moneten oder Schotter – so zahlreich wie die Synonyme sind die Situationen, in denen wir mit Geld in Berührung kommen. Hier die Gehaltsabrechnung, da der Einkauf im Supermarkt, dort die Rate für den Hauskredit – Geld durchdringt unser gesamtes Leben.

Was ist es für uns? Wir tauschen es im Alltag schnell und unkompliziert gegen Waren und Dienstleistungen ein oder bewahren es wahlweise für später auf. Es dient uns auf einer abstrakten Ebene als Projektionsfläche für Träume und Wünsche, aber auch für Ängste und Sorgen. Schließlich ist die Menge an Geld, die jemand (vermeintlich) besitzt, in unserer Gesellschaft ein wichtiger Faktor, wenn es um seinen Platz in der sozialen Hierarchie geht.

Doch verstehen wir wirklich, womit wir es beim Phänomen Geld zu tun haben? Handelt es sich tatsächlich nur um Münzen, Scheine und Zahlen im Computer? Reicht es uns zu wissen, wie man Bargeld abhebt, Rechnungen bezahlt und Kredite aufnimmt? Wäre es nicht lohnenswert zu verstehen, was Geld seinem Wesen nach wirklich ist, wie es funktioniert und warum es eine so steile Karriere hinlegen konnte?

Im folgenden Abschnitt wollen wir gemeinsam einen Blick in die Black Box Geld werfen. Das Verständnis dessen, was Geld ist, soll uns als Basis dienen, auf der wir uns im Verlauf des Buches weiteres Finanzwissen aneignen. Denn das ist meist bitter nötig.

Wer keine Ahnung von Finanzen hat, riskiert Fehler und Verluste

Können die meisten Menschen immerhin einfache Banktransaktionen veranlassen, wie das Überweisen von Rechnungsbeträgen oder das Eröffnen eines Sparkontos, sind viele bereits von der Frage nach der Höhe der Zinsen für ihren Dispokredit überfordert. Diese summieren sich auf längere Sicht jedoch zu erstaunlichen Beträgen.

Noch gravierendere Folgen können eine falsch konzipierte Baufinanzierung oder eine ungeeignete Altersvorsorge haben, etwa eine über 20 oder 30 Jahre laufende private Rentenversicherung. Viele Menschen folgen in diesen Fragen dem eigennützigen Rat von Bankberatern und Versicherungsvermittlern oder ersetzen das Einlesen in die Thematik durch einen Blick ins Internet. Und wer hat nicht schon Dokumente unterschrieben, die er nicht verstand?

BUY NOW, PAY LATER: Verlockend klingt es bei den Bezahldienstleistern wie PayPal, Klarna und Co: „Heute kaufen, aber erst in 30 Tagen bezahlen." Tatsächlich kostet die Verschiebung zunächst keinen Aufschlag. Wer aber die Laufzeit verlängern muss, dem drohen saftige Zinsen. Klarna gibt an, dass 46 Prozent aller Käufe im ersten Halbjahr 2022 sofort und in voller Höhe bezahlt worden seien. Anders gesagt: 54 Prozent kauften jetzt – und bezahlten später gegebenenfalls mehr Geld.

Wie schlecht es ums Finanzwissen auf breiter Front bestellt ist, illustriert auch die Tatsache, dass nach wie vor eine Mehrheit der Deutschen jede Art von Börsengeschäften pauschal ablehnt. Wie der Deutschland-Report 2019 der Axa-Versicherung zeigte, halten es gerade einmal 12 Prozent der Befragten für optimal, ihr Geld für mehr als zehn Jahre an der Börse zu investieren – dabei ist gerade Zeit ein unverzichtbarer Bestandteil jeder Art von langfristiger Anlagestrategie, die zwischenzeitliche Kursrückgänge einkalkuliert, um am Ende dennoch ein Plus zu verzeichnen.

Übrigens: Ein besonders negatives Bild von der Börse hat die finanzstarke Generation der Babyboomer – also der Menschen, die heute zwischen 50 und 64 Jahre alt sind. Für lediglich 26 Prozent von ihnen sind Aktien und Aktienfonds der beste Weg, um Vermögen aufzubauen. Mehr als die Hälfte, insgesamt 52 Prozent, wären dazu nur gegen eine Garantie auf ihr eingesetztes Kapital bereit.

Warum Hyperinflation und T-Aktie noch tief in vielen Köpfen stecken

Zwei Ereignisse haben sich in besonderer Weise ins kollektive Finanzgedächtnis der Deutschen eingegraben. Das erste Ereignis liegt über ein Jahrhundert zurück, niemand hat es mehr miterlebt. Aber allein die Bilder von Geldscheinen im Wert von einer Billion Mark und die Vorstellung, tatsächlich mit einem Leiterwagen voller Geld nur ein Brot kaufen zu können, sind äußerst eindringlich.

Das zweite Ereignis liegt dagegen erst knapp 30 Jahre zurück: der Börsengang der Deutschen Telekom Ende 1996. Mit millionenschwerer Werbekampagne als Volksaktie angepriesen und in der Folge von Hunderttausenden Kleinanlegern gezeichnet, geriet der anfängliche Höhenflug der T-Aktie zur Bruchlandung. Wer seine frisch gekauften Aktien nicht zu einem frühen Zeitpunkt wieder abstieß und Gewinne mitnahm, blieb später auf seinen Verlusten sitzen. Was zur Initialzündung für die Aktienkultur in Deutschland werden sollte, beschädigte diese nachhaltig. Viele blieben ihrem Versprechen, nie wieder Aktien zu kaufen, bis heute treu.

Im Kleinen wiederholte sich dieser Vorgang noch einmal 2020: Die Firma Wirecard wollte als visionärer Tech-Konzern made in Germany im Konzert der Großen mitspielen. Die Ambitionen waren gewaltig, die Kursgewinne ebenso. Der weitere Verlauf und der darauffolgende Skandal haben längst Geschichte geschrieben – und erneut viele Anlegerinnen und Anleger für immer vergrault.

Krisen hin, Pleiten her – bei näherem Hinsehen entpuppt sich die Verweigerungshaltung Aktien und Fonds gegenüber als ebenso irrational wie die seinerzeit plötzlich erwachte Börseneuphorie. Das Paradoxe: Reflexhaftes Verteufeln der Börse ist oft gar kein Ausdruck von Einsicht oder gar Fachwissen. Wir plappern schlicht das nach, was uns andere vorsagen – weil es so schön bequem ist und wir in der Konsequenz gänzlich untätig bleiben dürfen.

Nicht selten lassen sich sogar dieselben Menschen, die gerade noch so eifrig gegen Börse und Fonds wetterten, an der nächsten Straßenecke von windigen Anlageberatern mit märchenhaften Renditeversprechen ködern. Immer wieder berichtet Finanztest im Magazin und auf test.de über riskante Angebote auf dem Kapitalmarkt, denen Tausende Anleger auf den Leim gehen. Der eine lässt sich von seinem Traum vom schnellen Euro in ein ruinöses Investment locken, die andere vertraut der Bekannten von früher, die „exklusiv" Fonds oder stille Beteiligungen anpreist. Lassen sich dann noch Steuern sparen, ist es oft ganz vorbei mit der Vernunft.

KEINER ZUSTÄNDIG: Dass uns Finanzwissen fehlt, ist übrigens kein Zufall – oder hatten Sie in der Schule Geldkunde? Selbst im Fach Wirtschaft werden nur rudimentär verbraucherrelevante Kenntnisse vermittelt. Wer später keine kaufmännische Lehre absolviert oder Wirtschaftswissenschaften studiert, startet als Geld-Greenhorn ins Erwachsenenleben. Wissen lässt sich dann nur noch mit Mühe erwerben. Meist läuft das Ganze nach dem Prinzip „Learning by doing".

Studien zufolge holen den Wissensrückstand am ehesten Menschen mit vergleichsweise hohem Einkommen und/oder stattlichem Vermögen auf. Kunststück: Wer mehr Geld hat, kann damit mehr praktische Erfahrungen sammeln als Leute, die jeden Euro dreimal umdrehen müssen. Will man Geld anlegen oder ein Immobiliendarlehen aufnehmen, beschäftigt man sich fast automatisch mit Dividenden und Kursgewinnen, Zins und Tilgung.

Und wenn nicht? Da die meisten Menschen weder Zeit noch Motivation haben, um einen Grundkurs Finanzwissen an der örtlichen Volkshochschule zu besuchen und auch nicht als Gasthörer an der Uni die Grundlagen der Volkswirtschaftslehre inhalieren, bleibt als Erste Hilfe nur, auf einschlägigen Internetportalen gezielt Erklärvideos zu konsultieren – oder regelmäßig Finanztest zu lesen.

Vertrauen ist alles – deshalb braucht Geld keine physische Gestalt

Treten wir einen Schritt zurück und fragen wir uns, was Geld für uns bedeutet. So viel vorab: jede Menge. Unsere arbeitsteilige Gesellschaft ließe sich ohne Geld unmöglich organisieren. Das war nicht immer so – die längste Zeit ihrer Geschichte verbrachten Menschen ohne Geld. Dessen Siegeszug stellte die Welt auf den Kopf. Um den Grund zu verstehen, werfen wir einen Blick in die Vergangenheit.

Alles begann mit dem Tauschhandel. Nach dem Prinzip „Ware gegen Ware" tauschten Menschen das, was sie hatten, gegen das, was sie brauchten. Dieses Vorgehen stieß auf vielfältige Schwierigkeiten: Sei es, dass jemand zum Beispiel Getreide gegen Fisch eintauschen wollte, der Fischer aber gerade nichts gefangen hatte – oder, dass es sich als umständlich erwies, den Wert des Fisches in die entsprechende Menge Getreide umzurechnen.

Deshalb etablierte sich bereits Jahrtausende vor unserem heutigen Geld in vielen Gesellschaften das Warengeld – Gegenstände wie Muscheln, Schneckenhäuser, Tierfelle und Salz, die neben ihrem Tausch- auch einen Gebrauchswert hatten. Damit war es erstmals möglich, direkt zum Anbieter einer bestimmten Ware zu gehen und diese zu bezahlen. Der Verkäufer musste keine Ware eintauschen, sondern konnte das Warengeld bis zu einem späteren Zeitpunkt aufheben und dann verwenden. Leider war dieses oft schwierig zu transportieren und zu lagern. Damit nicht genug der Nachteile: Viele Gegenstände waren weder in ausreichend kleine Einheiten teilbar noch besonders wertbeständig.

Edelmetalle wie Kupfer, Gold und Silber dienten ebenfalls schon früh als Zahlungsmittel – auch wenn die Stücke bei jedem Kauf aufwendig gewogen und auf ihre Reinheit geprüft werden mussten.

Dem legendären König Krösus, der vor 2500 Jahren über Lydien – ein Gebiet in der heutigen Türkei – herrschte, wird die bahnbrechende Idee zugeschrieben, einheitlich schwere Stücke aus Gold und Silber herstellen und mit einem Prägestempel versehen zu lassen. Auf Altgriechisch nannte man sie: Stater. Jede Münze war so viel wert wie das in ihr enthaltene Edelmetall. Beim Bezahlen konnte man sie einfach abzählen – nichts musste mehr gewogen werden. Bald hatten sich Krösus' Münzen rund um das Mittelmeer verbreitet.

3

REICH WIE KRÖSUS: Auf der ersten Goldmünze der Welt, einem Stater des Krösus, stehen sich ein Löwe und ein Stier gegenüber. Der Löwe hat den Rachen aufgerissen und hebt die Pranke, während der Stier seinen Kopf gesenkt hat. Von den ersten lydischen Münzen aus dem 6. Jahrhundert vor Christus sind noch einige wenige Exemplare erhalten, die in Museen wie dem Züricher Money Museum zu besichtigen sind und auf Auktionen immer wieder Rekorderlöse erzielen.

Unsere heutigen Münzen sind dagegen meist mehr wert, als das in ihnen enthaltene Material. Ist jedoch der Wert einer Münze nicht mehr durch die enthaltenen Edelmetalle gedeckt, was ist es dann, das sie als Zahlungsmittel qualifiziert und für allgemeine Akzeptanz sorgt? Antwort: einzig und allein das Vertrauen der Nutzer in den Herausgeber. Früher war das der Landesherr, heute sind es Zentralbanken, die im Auftrag von Nationalstaaten als Herausgeber auftreten. Nur sie und niemand sonst darf diese Rolle übernehmen.

Noch einmal, weil es so wichtig ist: Das Funktionieren unseres Geldsystems beruht ausschließlich auf Vertrauen. Das gilt erst recht für Banknoten, die praktisch gar keinen Materialwert besitzen. Zunächst waren sie auch nicht als Zahlungsmittel gedacht, sondern als Schuldscheine. Als solche waren sie in China bereits im 11. Jahrhundert bekannt. In Europa wurden die ersten Banknoten Ende des 15. Jahrhunderts in Spanien ausgegeben – als Ersatz für Münzen.

Überhaupt war Papiergeld bis ins 19. Jahrhundert an die Existenz von Münzen im selben Wert gebunden, in die es sich bei Bedarf jederzeit eintauschen ließ. Sonst wäre wohl kaum jemand das Risiko eingegangen, Banknoten zu benutzen.

Großbritannien führte 1821 sogar einen Goldstandard ein, laut dem die im Umlauf befindliche Menge an Banknoten stets von der Goldmenge gedeckt sein musste, die das Land besaß. Viele weitere Länder folgten diesem Beispiel, bis sie im Ersten Weltkrieg massenhaft Geld drucken ließen, um die Kriegskosten bewältigen zu können. Die dem Bargeld gegenüberstehende Goldmenge reichte schlicht nicht mehr aus, weshalb der Goldstandard nach ein paar Jahren Geschichte war – auch wenn der Wert des Geldes noch bis in die 1970er Jahre eng mit dem Goldpreis verbunden war.

Und heute? Zahlen wir mit Scheinen und Münzen, die weder einen Materialwert besitzen noch durch Gold gedeckt sind. Zumindest tun wir das noch ab und zu. Immer öfter jedoch nutzen wir zum

DIE EVOLUTION VON GELD

Vom Weizenkorn zu Bits und Bytes:
Während sich die Form unseres Geldes wandelt,
wird eine Währung immer wichtiger: Vertrauen.

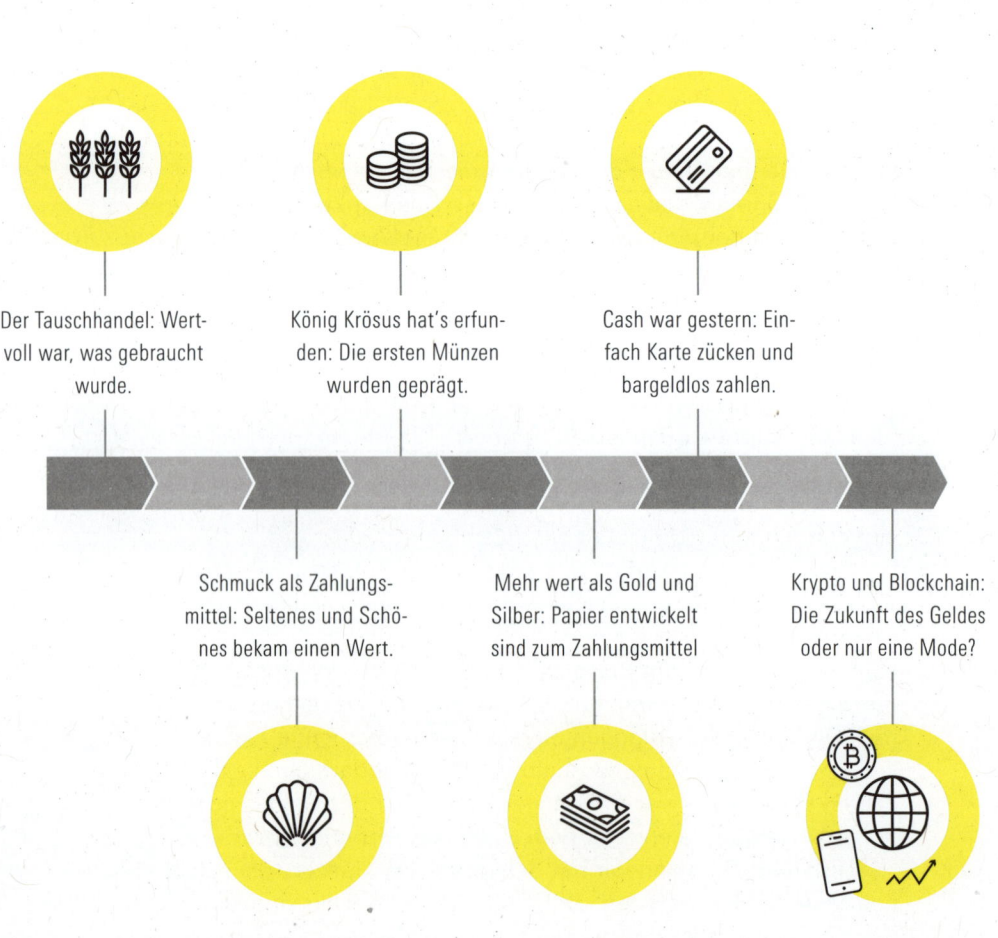

Der Tauschhandel: Wertvoll war, was gebraucht wurde.

König Krösus hat's erfunden: Die ersten Münzen wurden geprägt.

Cash war gestern: Einfach Karte zücken und bargeldlos zahlen.

Schmuck als Zahlungsmittel: Seltenes und Schönes bekam einen Wert.

Mehr wert als Gold und Silber: Papier entwickelt sind zum Zahlungsmittel

Krypto und Blockchain: Die Zukunft des Geldes oder nur eine Mode?

Bezahlen Plastikkärtchen, unser Mobiltelefon oder den heimischen PC. Das ist der beste Beweis dafür, dass Geld keinerlei physische Gestalt annehmen muss. Geld funktioniert auch rein virtuell, als Zahl auf einem Konto, als Buchgeld. Insofern ist Geld zunächst nichts anderes als eine Technologie, die bestimmte Aufgaben erfüllt.

Auf einen Blick: so funktioniert Geld rational und sozial

Die Deutsche Bundesbank, Aufseherin unserer Banken und Hüterin unseres Bargeldes, nennt die drei wichtigsten Funktionen:

1 TAUSCH- UND ZAHLUNGSMITTEL: Geld dient in erster Linie als Tauschmittel, das den Austausch von Gütern vereinfacht. Geld kann man verleihen oder auch zum Rückzahlen von Schulden verwenden. Damit Geld als Tausch- und Zahlungsmittel funktioniert, muss es allgemein akzeptiert und anerkannt werden.

2 RECHENEINHEIT: Mithilfe von Geld lässt sich der Wert unterschiedlicher Waren und Dienstleistungen vergleichen. Geld schafft einen Vergleichsmaßstab, der den Austausch von Gütern erleichtert. Ohne Geld müssten Tauschverhältnisse separat bestimmt werden: Eier in Äpfel, Äpfel in Salz, Salz in Nähgarn. Schon bei 100 Waren gibt es 4 950 Tauschverhältnisse. Voraussetzung für diese Funktion des Geldes ist, dass es ausreichend teilbar ist.

3 WERTSPEICHER: Man kann Geld aufbewahren, um es später an einem anderen Ort zu verwenden. Voraussetzung ist, dass das Material des Geldes beständig ist.

Geld lässt sich aber auch aus einer sozialen Perspektive beschreiben. Je mehr jemand besitzt, desto höher rangiert er in der sozialen Hierarchie. Geld steht für Wohlstand, Fleiß und Stabilität, für Erfolg, Ansehen und Macht. Es ist zudem Voraussetzung für gesellschaftliche Teilhabe. Wer kein Geld hat, kann weder Mitglied im Sportverein werden, noch regelmäßig ins Kino oder ins Restaurant gehen.

Von Kaufpreis und Preisschild zu Kaufkraft und Inflation

Jedem Ding einen ökonomischen Wert zu verleihen, der sich in einem Kaufpreis ausdrücken ließ – das war eine gewaltige Innovation und wurde erst durch Geld möglich. Plötzlich waren unterschiedliche Gegenstände und Dienstleistungen innerhalb von Sekunden miteinander vergleichbar. Mit einem Blick ließ sich entscheiden, ob etwas teuer oder billig war. War die Ware woanders günstiger, kaufte man sie eben dort. Alles bekam ein Preisschild und ließ sich auf einen Blick taxieren – unabhängig davon, wie lange und wie hart jemand für dessen Herstellung gearbeitet hatte.

Auf diese Weise strukturiert Geld einerseits die Welt. Nahezu alles, was uns umgibt, bewerten wir nach seinem ökonomischen Wert, ausgedrückt im Kaufpreis. Andererseits beraubt uns Geld der Fähigkeit, die Welt unmittelbar und auf andere Weise wahrzunehmen. Es führt durch seinen Charakter als seelenloser Vermittler zu einem Verlust an Bindungen und Verbindlichkeiten zwischen Menschen, sodass diese egoistischer denken und handeln können.

Diese Ökonomisierung hat alle Lebensbereiche erfasst – auch Bildungs- und Gesundheitswesen werden heute anhand ökonomischer Kenngrößen gesteuert. Selbst übergeordnete Menschheitsziele wie Armutsbekämpfung und Klimaschutz betrachten wir unter dem Vorbehalt ihrer Finanzierbarkeit. Statt „Wer macht wann was?" fragen wir: „Was kostet das, und wer soll das bezahlen?"

Vor allem die Funktion des Geldes als Wertspeicher war zuletzt zeitweise bedroht – durch die hohe Inflation. Was bedeutet „Inflation"? Ganz einfach: Steigende Preise lassen die Kaufkraft des Geldes sinken. Die Inflation ist schuld daran, dass wir uns für 50 Euro heute weniger kaufen können als vor zehn Jahren. Warum ist das so? Vereinfacht gesagt werden Sachen teurer, wenn steigende Nachfrage auf begrenztes Angebot trifft. Auch steigende Kosten für Rohstoffe, Herstellung und Transport von Waren treiben die Preise hoch.

Obwohl es auch den gegenteiligen Effekt gibt, die Deflation, ist die Inflation das bekanntere Phänomen, weil sie uns permanent begegnet. „Alles wird teurer", seufzen wir und haben Recht.

QUIZ: WIE VIEL WISSEN SIE ZU FINANZEN UND GELD?

Können Sie die Hälfte oder gar alles bejahen?
Keine Angst vor schlechten Ergebnissen –
Sie können alles in diesem Buch nachlesen.

○ Ich kenne alle großen Posten bei meinen Einnahmen und Ausgaben.

○ Ich kenne mein Gehalt und den Unterschied zwischen brutto und netto.

○ Ich kenne und nutze eines von verschiedenen speziellen Kontomodellen, um meine Finanzen sauber voneinander zu trennen.

○ Ich weiß (im Großen und Ganzen), wie Banken und unser Geldsystem funktionieren.

○ Ich weiß, was die Einlagensicherung ist und wie hoch sie ist.

○ Ich weiß, was Inflation ist und verstehe, wie sie die Kaufkraft meines Geldes in beispielsweise 20 Jahren beeinflusst.

○ Ich verstehe, warum ich mein Geld langfristig vermehren muss.

○ Ich kenne den Zinseszinseffekt.

○ Ich kenne den Unterschied zwischen Girokonto, Tagesgeld und Festgeld.

○ Ich weiß (im Großen und Ganzen), was die Börse ist und was dort gehandelt wird.

○ Ich weiß, dass meine Geldanlage ein langfristiges Projekt ist, dass auf 20, 30 oder sogar 40 Jahre ausgelegt ist.

○ Ich kenne das magische Dreieck der Geldanlage und weiß, wie Sicherheit, Rendite und Risiko miteinander zusammenhängen.

○ Ich weiß, dass ich ein Depot benötige, um Zugriff auf den Handel an der Börse zu erhalten.

○ Ich weiß, was ein ETF ist im Unterschied zu einer Aktie oder einem aktiv gemanagten Fonds.

○ Ich kenne das Prinzip des Pantoffel-Portfolios und nutze es als Anlagestrategie.

○ Ich kenne den Begriff des Rebalancings im Zusammenhang mit dem Pantoffel-Portfolio.

○ Ich spare automatisch per Sparplan, ohne eigenes Zutun.

INFLATIONSZIEL 2 PROZENT: Die Europäische Zentralbank hat das Ziel, die Inflation mittelfristig bei 2 Prozent zu halten. Sie sagt, sie wolle damit auch eine zu niedrige Inflation ausschließen, da ansonsten eine Deflation drohe. So bezeichnet man eine Entwicklung, bei der Preise sinken. Die Argumentation der Zentralbank: Wenn absehbar ist, dass Preise sinken, schieben Konsumentinnen und Konsumenten Anschaffungen auf und die Wirtschaft käme zum Erliegen. Daher lege sie Wert auf leicht steigende Preise – als Sicherheitspuffer.

Inflation findet praktisch immer statt, wenn auch nicht im selben Ausmaß wie nach dem russischen Überfall auf die Ukraine. Zu Beginn des Krieges im März 2022 erfuhren wir Menschen in Westeuropa, was eine aus den Fugen geratene Inflation bedeutet. Vor allem die Preise für Lebensmittel und Energie stiegen damals rapide an. Das ließ die Inflationsrate – bezogen auf das Preisniveau des jeweiligen Vorjahresmonats – zeitweise auf über 10 Prozent steigen.

Steigen Löhne, Gehälter sowie Renten und Sozialleistungen im selben Maß, wie unser Geld an Wert verliert, gleicht das die Inflation aus. Tun sie das nicht, verzeichnen wir real, also unterm Strich, einen Kaufkraftverlust. Wir können uns für dasselbe Geld weniger kaufen oder müssen für dieselben Güter und Dienstleistungen mehr zahlen. Ist das aufgrund unserer angespannten Kassenlage nicht möglich, sind wir gezwungen, auf entsprechend günstigere Produkte oder auf Sonderangebote zurückzugreifen – oder notgedrungen den Gürtel enger zu schnallen und zu sparen.

Die Geldentwertung betrifft auch Sparwillige, Anlegerinnen und Anleger: Deren Einkommen und Ersparnisse verlieren durch die Inflation ebenfalls an Wert. Ist die Inflationsrate höher als die Rendite, verliert das angelegte Geld real an Kaufkraft. Besonders fatal wirkt sich das in Niedrigzinsphasen aus, in denen man für sein Erspartes auf einem normalen Girokonto praktisch keine Zinsen bekommt.

Es wird also Zeit, Geld mit anderen Augen zu betrachten (siehe „Finanzieller Erfolg beginnt im Kopf", ab S. 37). Haben wir danach den Entschluss gefasst, unser Geld vermehren zu wollen, müssen wir zunächst einmal wissen, was wir haben und wie viel davon monatlich in fixe oder variable Ausgaben fließt (siehe „Finanzen fest im Griff", ab S. 58). Erst danach können wir dafür sorgen, dass es nicht weniger wird – sondern mehr Geld (siehe „Pantoffel Portfolio" ab S. 98).

FINANZIELLER ERFOLG BEGINNT IM KOPF

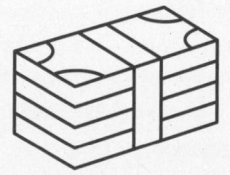

Positives Denken in Gelddingen kommt nicht von allein – lässt sich aber lernen. Indem wir alte Glaubenssätze hinterfragen und neue Sichtweisen verinnerlichen, erschaffen wir die Grundlagen unseres künftigen Erfolgs.

Werden wir negative Glaubenssätze los!

Gehen wir zurück zum Ursprung: Ergründen
wir unsere Haltungen und Denkmuster in Bezug
auf Geld und führen wir uns vor Augen,
welche davon uns limitieren und ausbremsen.

„Let's make lots of money" sangen die Pet Shop Boys 1986. Ihr Hit
„Opportunities" brachte das junge Pop-Duo seinerzeit der Weltkarriere ein Stück näher. Und auch wenn manches darauf hindeutet,
dass die Aufforderung zum exzessiven Geldverdienen nicht ganz
ernst gemeint war – sie hätte es problemlos sein können.

Insbesondere beim American Dream ging es schon immer ganz
unironisch und ernsthaft darum, reich werden zu wollen. Vom Tellerwäscher zum Millionär. Hierzulande dagegen dürfte ein Refrain wie
„Ich bin schlau, du siehst gut aus – lass uns einen Haufen Geld machen" bei den meisten Menschen eher Stirnrunzeln hervorrufen.

Unsere Sprache prägt unser Denken und beeinflusst damit, wie
wir die Welt um uns herum begreifen: Im Englischen wird Geld dem
ursprünglichen Wortsinn nach geerntet (to earn) – oder eben gemacht. In den romanischen Sprachen wird Geld sogar gewonnen
(französisch etwa: gagner de l'argent). Bei uns hingegen muss es
verdient werden. Zumindest unsere polnischen (zarabiać pieniądze)
und schwedischen Nachbarn (att tjäna pengar) sehen das ähnlich.

Während hinter „verdienen" dem Wortsinn nach ein Dienst
steht, den man einem Herren oder seinem Vorgesetzten leistet, umfasst „to make money" die Vorstellung des Erschaffens von Geld,
unabhängig von einem Geldgeber, quasi aus dem Nichts.

Sicher, wir können auch in der deutschen Sprache Geld machen,
indem wir „Kohle scheffeln" oder „absahnen". Aber in diesen Begriffen schwingen Vorbehalte mit – und genau das ist auch bezweckt.
Redliches Geld – sei es im Job oder an der Börse – wird „verdient".
Durch den Gebrauch tendenziell abwertender Begriffe können wir
uns subtil vom Konzept des „Geldmachens" distanzieren. So bleiben
wir den (groß-)elterlichen Mantras treu und können auf beifälliges
Nicken aller Anwesenden hoffen.

Dieses Beispiel zeigt: Geld ist nichts, worüber wir unbeeinflusst reflektieren. Das ganze Thema ist in unserem Gehirn als Netzwerk aus Informationen und Bewertungen präsent. Jede neue Information, die uns erreicht, ordnen wir in dieses Netzwerk ein. Man könnte sagen, wir stecken sie in eine gedankliche Schublade.

Neudeutsch spricht man statt Schubladen von „Frames" (engl. frame = Rahmen). Gemeint sind Deutungsrahmen, mit deren Hilfe wir unser Wissen organisieren und Informationen einen Sinn zuordnen. Es gibt Deutungsrahmen auf der sprachlichen Ebene, mit denen wir Wörter und Sätze erfassen. Daneben existieren tief in unserem Gehirn verankerte Frames, die unser Verständnis der Welt widerspiegeln – unser „gesunder Menschenverstand".

Frames können positiv oder negativ assoziiert sein. Denken wir etwa an Sommer, sehen sich manche vor ihrem inneren Auge am Strand liegen, ein kühles Getränk in der Hand und drei Wochen Urlaub vor sich. Anderen bricht gedanklich der Schweiß aus, weil sie an Hitze und schlaflose Nächte denken.

So spielt sich auch all das, was wir über Geld wissen und neu erfahren, innerhalb von Rahmen ab. Ob wir angesichts neuer Informationen einen positiven oder negativen Frame aufrufen, hängt davon ab, wie eine Information formuliert ist und welche Einstellung wir dazu haben. Wie wir gerade gesehen haben, assoziieren wir bei „Geld verdienen" andere Vorstellungen als bei „Geld machen".

Das machen sich Absender von Botschaften zunutze und liefern uns mit ihren Informationen gleich die Deutungsrahmen mit. So rücken Werbetreibende ihre Produkte in ein günstiges Licht, indem sie durch ihre Wortwahl positive Assoziationen hervorrufen. Auch in der Politik ist manipulatives Framing an der Tagesordnung, wenn es etwa um Flüchtlingswellen oder Technologieoffenheit geht.

WAS SIND EINSTELLUNGEN: Als Einstellung wird in der Sozialpsychologie eine psychische Tendenz genannt, die dadurch zum Ausdruck kommt, dass wir ein Objekt, andere Menschen oder uns selbst bewerten. Einstellungen können positiv, neutral oder negativ sein und in ihrer Intensität variieren. Sie reduzieren Komplexität und vereinfachen dadurch Entscheidungsprozesse. Einstellungen helfen uns, positive Erfahrungen zu erlangen und negative zu vermeiden. Sie dienen einer positiven Selbstwahrnehmung und dem Ausdruck der eigenen Identität.

Das Faszinierende: Wir sind unseren Einstellungen nicht ein für alle Mal ausgeliefert, sondern können sie ändern. So können wir bislang negativ geframte Sachverhalte bewusst in einen neuen, positiveren Rahmen setzen. Dies lässt sich unter anderem durch häufiges Wiederholen bestimmter Begriffe und Aussagen erreichen, die wiederum auf unsere Einstellungen wirken.

Ein Reframing besteht also darin, einen Sachverhalt anders zu benennen beziehungsweise ihn in einen neuen Kontext zu stellen. Solche Neu-Etikettierungen begegnen uns auf Schritt und Tritt. Im Job gibt es statt Problemen nur Herausforderungen, statt Stagnation ein Nullwachstum. Bedrohlich klingende Krankheiten wie Rinderwahnsinn wurden von durch Wiederholen der offiziellen Bezeichnung Creutzfeld-Jacob-Krankheit kommunikativ entschärft. Aus den USA stammt eine Studie von 2007, wonach Abtreibungsgegnerinnen gern von (süßen kleinen, fertig ausgebildeten) Babys sprechen, während die Befürworterinnen den Begriff Föten verwenden, um zu signalisieren, dass es sich eher um Zellhaufen handelt, die noch wenig mit einem Menschen zu tun haben.

Aber nicht nur der Sender einer Information kann diese je nach kommunikativer Absicht in einen gewünschten Rahmen einbetten. Auch wir als Empfänger können per Reframing Dinge um uns herum neu wahrnehmen – und beispielsweise aus einem negativen Zusammenhang in einen positiven Kontext zu rücken.

SO KLAPPT REFRAMING: Probleme umzudeuten oder in einen neuen Kontext zu stellen und ihnen dadurch neue Bedeutung zu verleihen, ist immer dann sinnvoll, wenn man mit seinem bisherigen Denken gegen Wände läuft und dadurch eigene mentale Ressourcen blockiert. Reframing hilft nicht nur in Lebenskrisen – als Prinzip kann es Menschen zu einer positiveren Grundeinstellung und zu mehr Zufriedenheit verhelfen.

Wenn andere das können, können wir es auch. Es regnet draußen? Das ist kein Schmuddelwetter, sondern die Gelegenheit, um auf einem Spaziergang die neue Outdoor-Jacke zu testen. Wir sitzen im Zug und haben wieder einmal eine Stunde Verspätung? Statt uns wie sonst zu ärgern, nutzen wir die Zeit, um ein Buch zu lesen, Podcast zu hören oder noch einmal in Ruhe die Präsentation durchzugehen. Finanzen sind langweilig? Stimmt nicht – wir haben nur zu wenig Ahnung davon – und das ändern wir jetzt.

4

Im Folgenden knöpfen wir uns unsere eigenen Glaubenssätze zum Thema Geld vor. Zunächst werden wir sie analysieren, um sie anschließend falls nötig zu ändern. Auf diese Weise reframen wir das Thema Geld – nicht im Sinn halbseidener Heilsversprechen, sondern im Sinn unserer eigenen Wünsche und Ziele.

Kleiner Spoiler vorab: Wie alle neuen Gewohnheiten lässt sich auch eine neue Einstellung zu Geld nicht einfach von heute auf morgen übernehmen. Veränderungen brauchen Zeit, Rückschläge sind nicht ausgeschlossen – und zählbare Erfolge stellen sich weder schnell noch automatisch ein.

Anders, als manche „Experten" suggerieren – schlägt sich eine aktivere, offenere oder anderweitig positivere Denkweise nicht zwingend in einem höheren Kontostand oder einem Wertzuwachs im Depot nieder. Das kann irgendwann der Fall sein – doch zum einen hängt das neben unserem eigenen Handeln auch von Faktoren ab, die wir nicht beeinflussen können, etwa der Entwicklung der Börsenkurse. Zum anderen brauchen viele Veränderungen im Leben einfach Zeit, damit sie wirklich nachhaltig sind.

Bis es soweit ist, genießen wir das Gefühl, uns nicht mehr von alten Denkschablonen, unsinnigen Zwängen und diffusen Ängsten beherrschen zu lassen, sondern unsere Finanzen selbst in die Hand zu nehmen. Ein erster Erfolg wäre, wenn wir uns eingestehen könnten, dass Geld das Leben erleichtert, Sicherheit und Zufriedenheit vermittelt und es viele Gründe gibt, mehr davon haben zu wollen.

Gar nicht so einfach: Nehmen Sie Kontakt mit sich selbst auf

Die eigenen Einstellungen in Sachen Geld zu ändern ist keine wilde Hauruck-Aktion, sondern ein längerer Transformationsprozess. Auch inhaltlich ist das Ganze alles andere als ein Pappenstiel. Nur wer überzeugt ist, seine Einstellung zu Geld – und davon ausgehend später auch seinen Umgang damit – durch eine Art Selbst-Coaching positiv beeinflussen zu können, sollte sich dieser Mühe unterziehen.

Was es für ein solches Umpolen braucht, sind Ehrlichkeit sich selbst gegenüber und der Wille, an sich zu arbeiten. Da es sich in

DIE MACHT DES FRAMINGS

Ist das Glas halb voll oder
halb leer? Alles eine Frage
der Perspektive.

OPTIMIST

„Das Glas ist halb voll."

PESSIMIST

„Das Glas ist halb leer."

INGENIEUR

„Das Glas ist doppelt so groß
wie es sein müsste."

PHYSIKER

„Das Glas ist voll – halb mit
Wasser und halb mit Luft."

SKEPTIKER

„Gegenfrage: Ist es sicher,
dass das Wasser ist?"

EGOIST

„Egal, wie viel drin ist. Hauptsache, es reicht für mich."

KAPITALIST

„Ich verkaufe dieses Wasser
an den Meistbietenden."

KOMMUNIST

„Dieses Wasser wird gerecht
unter allen aufgeteilt."

NIHILIST

„Völlig egal. Das Wasserglas ist
ohnehin nur eine Grafik."

der Regel um tief verwurzelte Denkmuster handelt, sind darüber hinaus vor allem Konsequenz und Durchhaltevermögen gefragt.

Wie in jedem solchen Prozess geht es zunächst darum, den Ausgangszustand möglichst exakt zu erfassen und dann sinnvolle Schritte daraus abzuleiten.

Wer viel über sein Denken und Fühlen in Sachen Geld reflektiert und sich eventuell mit anderen Leuten darüber austauscht, wird sich mit dem folgenden Selbsttest leichter tun als ein Mensch, der zwar ein unterschwelliges Grummeln beim Thema Finanzen verspürt, aber bislang selten oder noch nie über seine eigenen Befindlichkeiten reflektiert hat.

In solchen Fällen kann es sinnvoll sein, den Fragebogen auf den Seiten 48/49 nicht sofort auszufüllen, sondern sich zunächst an die eigenen Einstellungen heranzutasten.

Die nun folgenden Fragen können uns als Impulse dienen:

1 BERÜHRUNGSPUNKTE: In welchen Situationen begegne ich Geld und dem Thema Finanzen? Handelt es sich in erster Linie um praktische Dinge des Alltags, wie Bargeld abheben, Rechnungen bezahlen oder Preise vergleichen im Supermarkt? Denke ich auch in einem übergreifenden Sinn über Geld nach, etwa über den Zusammenhang von Inflation und Preisen, die Wirkungsweise des Dispokredits oder die Entwicklung der Börsenkurse?

2 PERSÖNLICHE SITUATION: Bin ich für meine Geldangelegenheiten selbst verantwortlich? Teile ich die Verantwortung mit einem anderen Haushaltsmitglied oder habe ich die Verantwortung für meine finanziellen Angelegenheiten komplett in andere Hände gelegt? Stehe ich finanziell auf eigenen Füßen oder bin ich abhängig?

3 GEFÜHLE: Welche Gefühle löst das Thema Geld bei mir aus? Sind diese eher positiv oder grundsätzlich negativ? Löst das Thema Stress aus oder nicht? Welche Gedanken triggern negative Gefühle wie Angst, welche Freude oder Zufriedenheit?

4 FOLGEN: Bewirken negative Gefühle, dass ich dem Thema Geld grundsätzlich aus dem Weg gehe? Was müsste sich ändern, damit ich Gelddingen gegenüber aufgeschlossener und in der Folge selbstbewusster, gelassener und zufriedener werde?

Ist die Vorarbeit getan, wenden wir uns unseren Glaubenssätzen zu. Diese besitzt jeder von uns, und zwar zu ganz unterschiedlichen Themen. Selbst Menschen, die sich für durch und durch rational halten, sind davon nicht frei. Sie glauben eben an Zahlen und Fakten.

HILFREICHE AUTOMATISMEN: Ein Glaubenssatz ist schlicht und einfach ein Satz, an den wir glauben. Er ist Ausdruck einer meist unbewussten inneren Überzeugung, die wir früh im Leben erworben haben. Während positive Glaubenssätze bewirken, dass wir uns selbstbewusst, stark und frei fühlen, haben die negativen eher limitierenden oder warnenden Charakter. Viele davon sind seit unserer Kindheit unverändert und für ein Leben als Erwachsener nicht mehr tauglich.

Warum haben wir negative Glaubenssätze verinnerlicht? Zum einen, weil wir uns nicht aussuchen konnten, was uns Eltern, Verwandte und Freunde beigebracht haben. Zum anderen, weil uns Pessimismus eine Art von Selbstschutz suggeriert. Wer immer vom Schlechten ausgeht, kann nicht so leicht enttäuscht werden.

Hier gilt es zu unterscheiden zwischen Glaubenssätzen, die uns vor Unheil bewahren und zur Vorsicht mahnen – und solchen, die uns einfach nur runterziehen und blockieren. Letztere tun uns alles andere als gut. Sie halten uns in falschen und selbstzerstörerischen Denkmustern gefangen, verhindern, dass wir unsere Selbstwirksamkeit spüren und unsere Fähigkeiten entfalten können. Solche Glaubenssätze können sogar unsere Gesundheit gefährden. Deshalb sollten wir versuchen, sie loszuwerden.

Negative Glaubenssätze, die sich auf uns selbst als Person beziehen, besitzen zudem oft den Charakter selbst erfüllender Prophezeiungen: Wenn ich mir nur oft genug einrede, dass ich nicht mit Geld umgehen kann, werde ich zwar nicht unbedingt mehr Fehler machen – doch diese stärker wahrnehmen und mich in meinem Denken bestätigt fühlen. Ab einem bestimmten Punkt interpretiert unser Unterbewusstsein jedes Vorkommnis im Sinne unserer Glaubenssätze.

Umgekehrt funktioniert das allerdings auch: Wer fest daran glaubt, bei der Geldanlage ein gutes Händchen zu haben – weil er vielleicht gerade ein Sachbuch zum Thema gelesen hat – wird vor allem Informationen wahrnehmen, die seinen Glauben bestätigen. Tatsächlich ist etwas dran an dem alten Spruch, dass man nur fest an eine Sache glauben muss.

WELCHER GELDTYP
SIND SIE?

Hand auf's Herz:
Wo würden Sie sich einsortieren?
Und: Wo möchten Sie hin?

SOUVERÄN
Sehr aktiv und aufgeklärt
„Geld bedeutet Unabhängigkeit –
und das in jeder Hinsicht."

AMBITIONIERT
Sehr engagiert und risikobereit
„Geld dient der Selbstverwirk-
lichung und Selbstbestätigung."

**POSITIVE EINSTELLUNG
ZUM GELD**

VORSICHTIG
Aufgeschlossen und gut informiert
„Geld ist nichts, was man leichtfer-
tig ausgibt. Am besten ist Sparen."

PRAGMATISCH
Aktiv nur auf Druck von außen
„Geld ist Mittel zum Zweck und
sollte nicht überbewertet werden."

DELEGIEREND
Sensibilisiert, nicht selbst aktiv
„Geld ist zwar wichtig, doch darum
kümmern soll sich jemand anderes."

BESCHEIDEN
Nicht abgeneigt, aber distanziert
„Ich bin zufrieden mit dem, was ich
habe. Geld ist Privatsache."

**NEGATIVE EINSTELLUNG
ZUM GELD**

LEICHTFERTIG
Unbekümmert und planlos
„Geld ist zum Ausgeben da. Es
zurückzulegen lohnt sich nicht."

RESIGNIERT
Abwehrend und frustriert
„Geld landet ohnehin immer bei
denen, die schon viel haben."

Quelle: Repräsentative Studie „Die Psychologie des Geldes". Commerzbank /
Sinus Sociovision, 2004. Stichprobengröße: 1000 Bundesbürger im Alter
zwischen 18 und 65 Jahren.

Kommen wir den Mustern auf die Schliche – erforschen wir unsere Glaubenssätze

Wenn wir unser Verhältnis zu Geld ohne langes Nachdenken in einem Satz beschreiben müssten – welcher wäre das: Geld gibt mir ein gutes Gefühl? Geld ist mir nicht wichtig? Oder eher: Beim Thema Geld bekomme ich schlechte Laune? Schreiben wir unseren Satz am besten auf – wir brauchen ihn später noch.

Logischerweise gibt es hier kein Richtig oder Falsch – aber unser Schlechte-Laune-Satz verrät uns, ob wir spontan eher positiv oder negativ auf den Trigger „Geld" reagieren. Ist die erste Gefühlsregung ablehnend, können Sie sicher sein, dass Sie bei genauem Hinsehen auf negative Glaubenssätze stoßen werden. Unser Ziel ist es, diese zu identifizieren und möglichst die Intensität zu bestimmen, mit denen sie auf unser Denken einwirken.

Ausgehend von dieser groben Bestandsaufnahme nehmen wir unsere Einstellung unter die Lupe. Dazu nutzen wir der Einfachheit halber die Methode der Selbstbefragung und die Übung auf S. 48 / 49. Das ist unkompliziert umzusetzen und hat den Vorteil, dass wir keinem Interviewer sozial erwünschte Antworten geben, die mit den Normen und Werten unserer Gesellschaft übereinstimmen.

Eine gewisse Herausforderung besteht darin, dass wir allein womöglich Probleme haben, uns auf die Situation einzulassen, sie ernst zu nehmen und uns zu konzentrieren. Da es sich zudem um ein sehr persönliches Thema handelt, besteht obendrein die Gefahr, dass bestimmte Fragen starke Gefühle oder Erinnerungen hervorrufen, und wir einer ehrlichen Antwort instinktiv ausweichen, um etwa unsere Eltern nicht in ein schlechtes Licht zu rücken. Ein weitere Falle ist der sogenannte Halo-Effekt.

HALO-EFFEKT: In schriftlichen Befragungen tritt häufig das Phänomen auf, dass Antworten nicht für sich gegeben, sondern durch vorhergehende Antworten „überstrahlt" werden (engl. „halo" = Strahlenkranz). Auslöser sind Gedanken, Gefühle oder Erinnerungen. Schildern Befragte zum Beispiel ihr schönstes Urlaubserlebnis, sind sie anschließend milder gestimmt und neigen dazu, die darauffolgenden Fragen positiver zu beantworten.

Deshalb ist es wichtig, sich für die Selbstbefragung ausreichend Zeit zu nehmen, und dann Frage für Frage separat und ehrlich zu beantworten. Vermeiden Sie bewusst Schönfärberei und versuchen Sie, auch negative Gedanken zuzulassen. Nur auf der Basis aufrichtiger Antworten werden die nächsten Schritte funktionieren.

So viel noch zur inneren Stärkung und Beruhigung: Niemand außer Ihnen selbst muss diesen Test zu Gesicht bekommen. Und: Es gibt keinen Grund, sich für bestimmte Denkmuster zu schämen.

Mit Ihrer Motivation steht und fällt der Erfolg des gesamten Vorhabens. Nur wer einen Veränderungsdruck spürt und überzeugt ist, das Richtige zu tun, wird es schaffen, alte Weisheiten über Bord zu werfen und neue in seinem Denken zu verankern.

Liegt der Fragebogen ausgefüllt vor Ihnen, haben Sie einen wichtigen Schritt getan. Glückwunsch! Jetzt sollten Sie klarer sehen, welche Denkmuster Sie in Bezug auf Geld prägen. Als Nächstes gilt es zu entscheiden, welche Glaubenssätze Sie ersetzen wollen.

Entscheiden wir, was Geld für uns bedeutet

Die Welt ist kein Wünsch-dir-was und selbstverständlich können wir unseren Kopf nicht einfach umkrempeln. Was wir sehr wohl können: Uns darüber klar werden, was wir wirklich wollen.

Erinnern Sie sich noch an Ihren Satz von gerade eben – die Quintessenz Ihrer Haltung zu Geld? Nachdem Sie sich nun selbst näher dazu befragt und Licht in Ihre Denkmuster gebracht haben, können Sie diesen Satz im Sinne einer Wunschvorstellung für Ihre eigene finanzielle Zukunft umformulieren.

In seiner allgemeinsten Form könnte dieser Satz dann wie folgt lauten: „Ich möchte eine positive Einstellung zu Geld haben." Sie könnten auch zupackender formulieren, zum Beispiel dass Sie gern möglichst viel Geld hätten oder – im umgekehrten Fall – mit dem

BESTANDSAUFNAHME: WIE DENKEN SIE ÜBER GELD?

Prüfen Sie Ihre Einstellung
gegenüber Geld. Erst wenn Sie diese
kennen, können Sie Ihr Money Mindset ändern.

1. WAS BEDEUTET GELD FÜR MICH?

_____

_____

2. WELCHE KONKRETEN ASSOZIATIONEN LÖST GELD BEI MIR AUS?

_____

_____

3. AN WELCHE PRÄGENDEN ERLEBNISSE AUS KINDHEIT UND JUGEND ERINNERE ICH MICH?

_____

_____

4. WELCHE GELDBOTSCHAFTEN SIND FÜR MEINEN UMGANG MIT GELD HEUTE NOCH PRÄGEND – UND WOHER STAMMEN SIE?

○ Geld macht nicht glücklich.

○ Geld wächst nicht auf Bäumen.

○ Geld verdirbt den Charakter.

○ Über Geld spricht man nicht.

○ Geld ist die Wurzel allen Übels.

○ Geld regiert die Welt.

○ Reiche Menschen sind gierig / schlecht.

○ Immer mehr Geld zu wollen, ist egoistisch und gierig.

○ Besser sparen als Schulden machen.

○ Geld macht das Leben leichter.

○ Geld ist da, um es auszugeben.

5. WELCHE AUSSAGEN TREFFEN AUF MICH PERSÖNLICH ZU?

○ Geld bedeutet Freiheit / Sicherheit / Belastung.

○ Ich habe oft Sorge, dass mein Geld nicht reicht.

○ Ich will vor allem nicht weniger Geld haben als meine Freunde / Nachbarn / Kollegen.

○ Ich finde es wichtiger, Geld zu sparen, statt es auszugeben.

○ Ich habe ein schlechtes Gewissen, wenn ich mir etwas kaufe, das „nur" schön ist.

○ Ich bezahle am liebsten mit Bargeld.

○ Online-Banking finde ich unsicher.

○ Ich kann nicht gut mit Geld umgehen.

○ Bestimmte Dinge kann ich mir eben nicht leisten.

○ Ich kenne mich mit Finanzen nicht aus.

○ Ich fühle mich unsicher in Gelddingen.

○ Ich überlasse die Finanzen meinem Partner / meiner Partnerin.

6. WELCHE AUSSAGEN ZU GELDANLAGE STIMMEN FÜR MICH?

○ Ich folge den Empfehlungen meines Bankberaters / von Freunden / Eltern / Nachbarn.

○ Ich weiß, wie die drei Faktoren Rendite, Sicherheit und Verfügbarkeit zusammenhängen.

○ Ich will zu Beginn genau wissen, wie viel Geld ich am Ende habe.

○ Ich scheue mich, mein Geld für länger als zehn Jahre anzulegen.

○ Investieren an der Börse bietet höhere Renditechancen.

○ Wenn ich Aktien hätte, könnte ich nachts nicht mehr schlafen.

○ Ich weiß, dass ich mit ETF das Anlagerisiko begrenzen kann.

○ Ich würde gern eine Rendite erzielen, die oberhalb der Inflationsrate liegt.

○ Ich kann damit leben, dass mein Geld durch die Inflation an Wert verliert.

Geld, das Sie haben, zufriedener sein und nicht so viel auf andere Menschen schauen wollen.

> **WAS IST SO SCHLECHT AN REICHTUM: Während reiche Menschen in anderen Ländern anerkannt und geachtet sind, ist Reichtum in Deutschland stark mit Begriffen wie Gier, Rücksichtslosigkeit und Egoismus verknüpft. Die Reichen werden sowohl für Armut und Hunger in der Welt als auch für Finanzkrisen verantwortlich gemacht. Erleidet ein Millionär hohe Verluste, freuen wir uns mehr als andere Europäer sowie US-Amerikaner. (Quelle: Institut für Demoskopie Allensbach 2019)**

In jedem Fall sollte unser persönlicher „Über-Satz" eine positive Botschaft vermitteln und ein Ziel beinhalten. Ob dieses Ziel aus heutiger Sicht realistisch wirkt, ist an dieser Stelle zweitrangig. Wichtiger ist es, dass wir ein Gefühl dafür bekommen, wie unsere Reise in Richtung finanzieller Freiheit aussehen soll. Wenn wir im Folgenden neue, positive Glaubenssätze entwickeln, dann sollte uns unser Satz als Motivationshilfe die Richtung vorgeben.

Auf dem Prüfstand – hinterfragen Sie Ihre alten Glaubenssätze

Sätze wie „Geld verdirbt den Charakter" mögen im Einzelfall zutreffen. In der Regel ist es jedoch nicht allein Geld, das Menschen gierig, hinterhältig oder gewalttätig macht – sondern Persönlichkeitsstruktur und Lebensumstände. Wer als Kind geschlagen wurde, dem rutscht statistisch gesehen als Erwachsener selbst eher die Hand aus. Anders gesagt: Wer mit viel Geld ein schlechter Mensch ist, wäre es mit hoher Wahrscheinlichkeit auch als armer Schlucker.

Ab sofort nehmen wir Pauschalaussagen zum schlechten Einfluss des Geldes nicht mehr als gegeben hin – sondern gehen der Sache auf den Grund. Wer sich die Mühe macht, derartige Weisheiten offener, differenzierter und positiver zu formulieren, wird feststellen, wie die Gedanken in Fahrt kommen und bereits kleine sprachliche Änderungen leeren Behauptungen Inhalt und Sinn verleihen. Wie wäre es etwa mit folgender Variante: „Mein Charakter ist so gefestigt, dass ihn Geld nicht verderben kann."

Oft sind negative Pauschalurteile auch Ausdruck anderer Beweggründe. Dazu ein Beispiel: „Geld an der Börse zu investieren, ist doch Zockerei." Wer nichts über Aktien und Fondsanteile weiß, geschweige denn, diese schon einmal gekauft hat, hat vielleicht tatsächlich Angst vor Verlusten. Die Lösung ist jedoch nicht, sich hinter Falschaussagen zu verstecken – sondern sich schlauzumachen. Für Millionen Anleger ist Investieren völlig normal – und die langfristige Kursentwicklung beweist, dass es sich keineswegs um Glücksspiel handelt.

Wer Börseninvestitionen als Zockerei verunglimpft, möchte vielleicht nur verbergen, dass er keine Ahnung von der Materie hat oder neidisch auf einen Bekannten ist, der an der Börse Geld verdient hat. Denkbar ist auch, dass man selbst schon einmal Geld mit Aktien verloren hat und im Nachgang einen Sündenbock sucht.

KOGNITIVE DISSONANZ: Unter dem Begriff verstehen Fachleute einen als unangenehm empfundenen Zustand, in dem die eigenen Überzeugungen und das eigene Handeln auseinanderklaffen. Solche Dissonanzen versuchen wir zu reduzieren, wobei eine tatsächliche Veränderung unseres Verhaltens die beste, aber oft schwierigste Option ist. Statt unser Geld wegen der niedrigen Zinsen vom Tagesgeldkonto zu holen und in Fondsanteile zu investieren, qualifizieren wir lieber die Börse ab („Das ist reine Zockerei") oder relativieren das eigene Verhalten („Ein paar Zinsen bekomme ich immerhin").

Während manche Glaubenssätze allgemeine Gültigkeit beanspruchen, sind andere sehr individuell, weil sie auf die eigene Persönlichkeit abzielen. Sie sollten deshalb in jedem Fall Charakter und Lebensumstände berücksichtigen und das Selbstbild stärken.

Sie sind alleinerziehend? Dann hilft es wenig, sich vorzunehmen, das Thema Finanzen künftig lockerer anzugehen. Sie ziehen Sicherheit aus dem Glauben, dass es besser ist, Geld zu sparen als es auszugeben? Tun Sie das. Gegen seine Natur anzugehen ist nicht nötig – solange die eigenen Glaubenssätze einen nicht kleinhalten („Ich bin nun mal ein Geizkragen"), sondern trotz eigener Schwächen das Gefühl geben, Handlungsoptionen zu haben.

Wenn wir nun unsere eigenen Glaubenssätze ins Hier und Jetzt transformieren, können wir nach folgendem Plan vorgehen:

1 CHARAKTER / INHALT: Handelt es sich um eine persönliche und aus eigener Erfahrung gewonnene Meinung („Sei vorsichtig, wenn du anderen Geld leihst"), um eine von anderen übernommene, quasi nachgeplapperte Floskel („Geld verdirbt den Charakter") oder sogar eine belastbare Aussage („Kreditzinsen sind immer höher als Sparzinsen")? Können wir diese aufgrund unseres Wissens oder mithilfe einer Recherche bestätigen oder entkräften?

2 URSACHE / HERKUNFT: Lässt sich ergründen, woher eine bestimmte Aussage stammt? Beispiel: „Wer anderen Geld leiht, sieht es meist nie wieder." Wen haben wir selbst das sagen hören? Ist die Äußerung mit einem bestimmten Ereignis aus der Vergangenheit verknüpft? Bezieht sie sich auf eine Erzählung, die innerhalb der Familie, des Freundes- oder Kollegenkreises über viele Jahre weitergegeben und durch häufiges Wiederholen möglicherweise verkürzt oder anderweitig verändert wurde? Warum sollte diese Aussage allgemeine Gültigkeit beanspruchen dürfen? Kann ich sie aus meinem eigenen, konkreten Erleben als Erwachsene(r) bestätigen?

3 WAHRER HINTERGRUND: Warum vertraue ich einem bestimmten Glaubenssatz in Wahrheit? Bin ich fest davon überzeugt – oder möchte ich nur nicht zugeben, dass es mir an Wissen fehlt? Neige ich dazu, anderen ihren Erfolg zu neiden? Will ich mich angesichts möglicher Misserfolge innerlich wappnen?

4 WÜNSCHE / ZIELE: Was verspreche ich mir von neuen Glaubenssätzen – und will ich mich tatsächlich von den alten befreien? Möchte ich generell damit aufhören, Dinge aus einem negativen Blickwinkel zu betrachten? Will ich mehr aus meinem Geld machen, um mir Konsumwünsche zu erfüllen / für die Zukunft vorzusorgen / meine Kinder unterstützen zu können?

5 NEUE PERSPEKTIVE: Gestalten Sie Ihre Glaubenssätze so um, dass sie konkreter, positiver formuliert und stärker auf Sie persönlich bezogen sind. Achten Sie darauf, dass Sie selbst in der neuen Version als Individuum auftauchen, das nicht die Meinung anderer, vermeintlich erfahrenerer Leute übernimmt, sondern sich seine eigene Meinung bildet und eigene Handlungsoptionen erarbeitet.

FRAMING UND REFRAMING

Los geht's: Ersetzen wir alte
Glaubenssätze durch unsere neuen
Überzeugungen. Ein paar Beispiele:

GELD NEU GEDACHT

🙁	🙂
Geld macht nicht glücklich.	Geld ermöglicht ein unabhängigeres und sorgenfreieres Leben.
Geld verdirbt den Charakter.	Es gibt gute und schlechte Menschen – unabhängig vom Vermögen.
Geld ist schmutzig und ein Machtinstrument.	Geld ist ein Mittel zur Erfüllung meiner Wünsche und Ziele.
Geld fällt nicht vom Himmel.	Durch Zins und Zinseszins erhalte ich mehr Geld „wie aus dem Nichts".
Für Geld muss man hart arbeiten.	Ich werde für meine guten Leistungen im Job bezahlt.
Über Geld spricht man nicht.	Geld interessiert mich.
Geld zu haben ist mir unangenehm.	Ich sorge finanziell für das Alter vor.
Das habe ich gar nicht verdient.	Ich bin das wert.
Ich kann doch nur reich sein, weil jemand anderes dafür arm ist.	Wirtschaft ist kein Nullsummenspiel, generelles Wachstum ist möglich.
Zeit ist Geld.	Meine Zeit ist mir kostbar – aber für mich, nicht für andere.

Mindset reloaded: Ihre neuen Glaubenssätze

Damit ein Reframing wirklich Erfolg hat, gilt es, neue Sichtweisen wie einen Muskel zu trainieren. Das erfordert neben festem Willen regelmäßige Beschäftigung mit sich selbst.

Stellen wir vor, wir bereiten uns auf eine Prüfungsklausur vor. Während die Zeit langsam knapp wird, steigt unser Stressempfinden in bedrohliche Höhen. Das ist unausweichlich, denken Sie? Je nach persönlicher Veranlagung (und noch zu paukendem Stoff) stimmt das sogar. Was sich jedoch beeinflussen lässt – Sie ahnen es bereits – ist unsere Einstellung zu Stress.

Eine 2022 im Journal of Experimental Psychology veröffentlichte Studie zeigte, dass College-Studentinnen, denen es mittels mentaler Techniken gelang, Stress als positiven Antrieb zu betrachten, in der Prüfung besser abschnitten als Kommilitonen, die ihn in klassischer Weise als Störfaktor empfanden.

Damit kein Missverständnis entsteht: Was wir unternehmen, ist in der professionellen Systemischen Therapie und dem Neurolinguistischen Programmieren – innerhalb derer das Konzept des Reframings entstand – die Aufgabe eines Therapeuten oder einer Therapeutin beziehungsweise eines Coaches: Therapieprofis versuchen, Klienten und Klientinnen dazu zu bringen, ihren Blickwinkel so zu erweitern oder anderweitig zu verändern, dass sie ihr eigenes Denken und Handeln nicht mehr als problematisch empfinden.

Sie gehen davon aus, dass jedes Denkmuster eine bestimmte Funktion in einem bestimmten Kontext besitzt. Lehnt eine Person Geldanlagen ab, die ein Verlustrisiko bergen – und sei es noch so gering – besteht die Herausforderung darin, die Ursache für die Ablehnung zu ergründen. Angenommen, jemand tut dies nicht aus Angst vor Verlusten, sondern um sich nicht ständig um seine Finanzen kümmern und Geldanlagen umschichten zu müssen.

Mit der Hilfe des Klienten würde die Therapeutin oder der Therapeut eine neue Betrachtungsweise konstruieren, die die Funktion „nicht um Finanzen kümmern müssen" beibehält, das Denkmuster

„Anlageformen pauschal ablehnen" jedoch durchbricht. Der neue Glaubenssatz könnte lauten: „Ich finde Anlagestrategien gut, die mit geringstmöglichem Aufwand funktionieren und Verlustrisiken weitgehend minimieren."

Für unsere Zwecke benötigen wir keine Coaches oder Therapieprofis. Wir setzen auf Selbst-Coaching. Was wir dazu brauchen, ist eine konkrete Vorstellung davon, wie wir über Geld denken wollen – diese haben wir uns im vorhergehenden Unterkapitel erarbeitet – und Übungen, mit deren Hilfe wir neue Denkweisen dauerhaft in unserem Gehirn verankern können.

Formulieren Sie neue Glaubenssätze, mit denen Sie sich wohlfühlen

Um unsere positiven Glaubenssätze zum Thema Geld möglichst dauerhaft zu etablieren, reicht es nicht, sie einmal zu formulieren. Damit sind sie noch nicht dauerhaft in unserem Kopf abgespeichert, geschweige denn, zur Grundlage unseres Denkens und Handelns geworden. Also schreiben wir sie uns auf ein Blatt Papier oder in den PC – und das nicht nur einmal, sondern so oft es geht.

Beobachten Sie, welche Emotionen das Aufschreiben auslöst: Beispiel: „Ich weiß, dass Geld mich glücklich machen kann." Fühlen Sie sich wohl mit dieser Aussage, empfinden Sie sie als passend und richtig oder sträubt sich etwas in Ihnen?

Ist Letzteres der Fall, versuchen Sie, der Ursache Ihres Unbehagens auf die Spur zu kommen. Vielleicht fällt Ihnen dann ein, dass es nicht das Geld selbst ist, das Sie glücklich macht, sondern die Dinge, die Sie sich für Geld kaufen können. Oder Sie wollen gar nichts kaufen, sondern sind glücklich darüber, dass Sie genügend Geld auf dem Konto haben. Vielleicht ist das Glück auch eher ein Gefühl der Beruhigung oder der inneren Zufriedenheit.

Formulieren Sie in solchen Fällen Ihren Glaubenssatz entsprechend um – wichtig ist, dass er für Sie funktioniert und Ihr innerer Widerstand dagegen verschwindet.

Ist eine Aussage sehr allgemein gehalten, trifft sie prinzipiell jedoch zu, dann können Sie daraus auch eine oder mehrere konkretere

Varianten ableiten, zum Beispiel: „Es macht mich glücklich, mein Geld für Reisen auszugeben." „Ich empfinde Glück, wenn mein Erspartes zügig wächst." Oder: „Ich habe dann ein Glücksgefühl, wenn ich jemand anderem mit meinem Geld etwas Schönes kaufen kann." Nach diesem Muster nehmen Sie am besten Ihre Aussagen wie in der Liste auf S. 53 nochmals unter die Lupe und präzisieren diese, beziehungsweise leiten Sie aus eher allgemeinen Merksätzen konkrete und praktikable Handlungsweisen ab.

Füttern Sie Ihr Gehirn mit Ihren neuen Glaubenssätzen – wieder und wieder

Häufig ist davon die Rede, man müsse sich nur oft genug selbst vorbeten, wie toll man ist – dann würde man es irgendwann schon glauben. In der Psychologie ist in diesem Zusammenhang die Rede von sogenannten Affirmationen – auch positive Selbstgespräche genannt. Doch so simpel ist die Sache leider nicht – auch wenn solche Selbstgespräche einen Effekt haben können.

Lange glaubten Forschende, dass Stimmung und Selbstwertgefühl steigen, wenn man sich nur täglich vor den Spiegel stellt und sagt: „Ich bin ein liebenswerter Mensch." In diesem Buch entspräche das dem Satz „Ich kenne mich mit Geld super aus."

DAS GEHIRN UMPROGRAMMIEREN: Affirmationen gelten als Software-Patches (engl.: „Ausbesserungen") fürs Gehirn. Die Annahme: Indem wir neue und positive Sätze möglichst oft wiederholen, gehen sie uns in Fleisch und Blut über. Anders als Mantras wirken Affirmationen nicht auf der klanglichen, sondern auf der gedanklichen Ebene. Sie sollten daher in der Ich-Form formuliert sein und eine positive Aussage enthalten.

Neuere Forschungen belegen, dass Affirmationen vor allem Probanden helfen, die ohnehin ein hohes Selbstwertgefühl haben. Andere Teilnehmende fühlten sich dagegen schlechter als vorher. Zudem stellte sich heraus, dass Glaubenssätze, die nahe an den eigenen

Einstellungen liegen, überzeugender sind als Aussagen, die weit davon entfernt sind. Die Forschenden empfahlen, sich statt allumfassend positiver Sätze moderat positive Botschaften vorzusprechen.

Genauso wichtig ist es, im Alltag wacher und aufmerksamer für eigene Gewohnheiten zu werden. Erkennen Sie Situationen, in denen Ihre Gedanken in alte, negativ geprägte Bahnen fließen. Beobachten Sie sich und führen Sie wenn möglich ein Tagebuch.

Klaffen alter und neuer Glaubenssatz inhaltlich auseinander oder beschreiben Sie gegenteilige Konzepte, kann es hilfreich sein, einen Zwischenschritt einzulegen, um sich nicht zu überfordern. Bevor Sie riskieren, dass Ihr Vorhaben scheitert, weil Ihnen der Weg zum Ziel unendlich weit vorkommt, gehen Sie lieber langsamer voran.

Denkbare Lösung: Überlegen Sie sich einen Brückensatz, der Sie in die richtige Richtung führt. Von diesem Punkt aus können Sie später das restliche Stück des Weges gehen. Hier ein Beispiel:

1 **URSPRÜNGLICHER GLAUBENSSATZ:** „Ich bin nicht in der Lage, meine Geldangelegenheiten selbst in die Hand zu nehmen." Hier gilt es, zunächst den gefühlten Grund herauszuarbeiten und einem Praxis-Check zu unterziehen. Ist es fehlendes Fachwissen, das Sie daran hindert, sich um Ihre Finanzen zu kümmern? Ist es Zeitmangel? Oder ist es die Angst, Fehler zu machen, die sich in Mahngebühren, Verlusten bei der Geldanlage oder Nachzahlungen bei der Steuererklärung niederschlagen könnten?

2 **BRÜCKENSATZ:** „Ich werde versuchen, meine Geldangelegenheiten selbst in die Hand zu nehmen." Der Fortschritt zum Ausgangssatz liegt im Perspektivwechsel von „ich bin machtlos" hin zu „ich bin nicht machtlos (auch wenn es mir noch schwerfällt, daran zu glauben)". Definieren Sie konkrete Mittel und Wege, die Ihnen helfen könnten, künftig selbstständiger zu werden. Möglichkeiten sind etwa das Aufnehmen von Informationen aus seriösen Quellen wie Finanztest, Fachbüchern und -artikeln oder das Einholen von Feedback aus dem sozialen Umfeld.

3 **ZIELSATZ:** „Ab jetzt kümmere ich mich selbst um meine Geldangelegenheiten." Das Zwischenziel ist erreicht. Für den nächsten Schritt braucht es ein positives Grundgefühl, das sich aus dem bereits Erreichten speist: Damit verschaffen Sie sich den kompletten Überblick über Ihre Finanzen und geben die Kontrolle nicht mehr ab. Fehler können passieren, werfen Sie aber nicht mehr aus der Bahn.

FINANZEN FEST IM GRIFF

Was nutzt das beste Money Mindset, wenn das Haushaltsbudget auf Kante genäht ist? Verschaffen wir uns mehr Luft, indem wir alle Ausgaben auf den Prüfstand stellen. Bei den Einnahmen gibt es eine große Stellschraube.

Die Millionäre von morgen – das sind wir

Für ein paar Euro mehr lohnt kaum der Aufwand. Nur wer sich beim Geld große Ziele steckt, erzielt spürbare Erfolge. Selbst wenn's am Ende nicht zur Million reicht – den Versuch ist es wert.

Wie oft erwischen wir uns bei dem Gedanken, dass gefühlt immer nur die anderen das große Geld einstreichen: Dax-Vorstände, Chefärzte, Promi-Anwälte, dazu Menschen mit speziellen Talenten wie Fußballprofis, Popsängerinnen und Social-Media-Stars.

Ausnahmen sind rar – in die Kategorie „stinknormal und steinreich" fallen allenfalls die wenigen Glückspilze, die gegen jede Wahrscheinlichkeit einen Lotto-Jackpot knacken. Außerdem noch jene Handvoll Unerschrockener, die mit einer Erfindung, einer Firma oder auch nur einer Idee „all-in" gehen, dabei Kopf und Kragen riskieren und tatsächlich den großen Durchbruch schaffen.

Ganz ehrlich? Es lohnt sich nicht, lange über Ausnahmen und Glücksfälle nachzudenken. Wir neigen dazu, deren Häufigkeit krass zu überschätzen, da Erfolg nun mal sichtbarer ist als Misserfolg. Es gibt sogar einen Fachbegriff dafür: Survivorship bias, zu deutsch Überlebenden-Verzerrung. Er geht auf ein System der US-Navy im Zweiten Weltkrieg zurück, wonach aus dem Kampf zurückkehrende Flugzeuge nicht an jenen Stellen stärker gepanzert wurden, die Einschusslöcher aufwiesen – sondern bewusst dort, wo keine Löcher auftraten. Man nahm an, dass nicht zurückgekehrte Flugzeuge an genau diesen Stellen getroffen worden und abgestürzt waren.

Auf kommerziellen Erfolg übertragen heißt das: Auf eine erfolgreiche Schauspielerin, einen Firmengründer oder Influencer – einen glücklichen Rückkehrer – kommen Tausende, die es auf ähnliche Weise versucht, aber nicht geschafft haben. Ihnen fehlte das Quäntchen Glück oder sie waren zur falschen Zeit am falschen Ort. Ihre Geschichten wurden nie erzählt – sie blieben unbekannt und arm.

Bei der Gelegenheit: Auch Spitzenverdiener haben oft ihre liebe Müh' und Not mit der Geldvermehrung. Wer glaubt, dass sich auf ihren Konten die Tausender mehr oder weniger automatisch ansammeln, bis es irgendwann „Bling!" macht und die Bank zur ersten – oder nächsten – Million gratuliert, irrt sich gewaltig.

Wie das Institut der Deutschen Wirtschaft (DIW) herausfand, verfügt ein großer Teil der einkommensstärksten Haushalte über vergleichsweise wenig Vermögen. Von den 10 Prozent, die jährlich mindestens 80 000 Euro netto verdienen, hat die Hälfte maximal 250 000 Euro auf der hohen Kante, inklusive Wohneigentum.

Über die Gründe lässt sich spekulieren – doch vermutlich ist es da, wo regelmäßig ein dickes Gehalt auf dem Konto landet, mit der Sparsamkeit häufig nicht ganz so weit her.

Für uns sind zwei Erkenntnisse zentral: Geld vermehrt sich nicht ohne eigenes Zutun. Und: Das Warten auf einen Lottogewinn ist Zeitverschwendung. Statt dessen gilt, wer auf finanziellen Erfolg aus ist, muss zunächst fest daran glauben: „It's the mindset, stupid."

Nicht kleckern, sondern klotzen: Nur wer groß denkt, kann die Million schaffen

Einmal Millionär oder Millionärin zu sein – das ist der große Traum vieler Menschen. Verständlicherweise: Wäre es nicht großartig, keine Geldsorgen mehr zu haben, nicht mehr arbeiten zu müssen und sich jeden Wunsch erfüllen zu können? Finanziell frei zu sein?

Deutlich geringer ist der Anteil jener, die tatsächlich versuchen, dieses Ziel zu erreichen. Zu gering die Erfolgsaussichten, zu anstrengend der Weg, zu unklar das Vorgehen. Wie soll das auch funktionieren mit der Million? Die meisten von uns haben weder ein derart üppiges Gehalt noch eine dicke Erbschaft in Aussicht. Erst recht nicht jeder traut sich zu Günther Jauch ins Fernsehen oder wird bei der Aktion Mensch aus der Lostrommel gefischt.

Wir gehen demnach instinktiv davon aus, dass unsere Chancen eher schlecht stehen – und schon sind wir bereit, Abstriche zu machen: Vielleicht wären für den Anfang auch 50 000 Euro ganz okay? Oder 10 000? Stopp. Wer so denkt, fängt meist gar nicht erst an mit dem Geldvermehren. Nur wer sich anspruchsvolle Ziele setzt, strengt sich auch an, um diese zu erreichen. Also denken wir groß und bleiben dabei: Was wir wollen, ist die Eins mit sechs Nullen!

1 MILLION EURO – SO GEHT'S

Wer den Millionärs-Marathon 40 Jahre lang durchhält, joggt als stolze Millionärin oder als stolzer Millionär ins Ziel.

Voraussetzungen: 5000 Euro Startkapital, 6 % Zinsen pro Jahr
Strecke: Sparplan über 40 Jahre mit einer Sparrate von monatlich 500 Euro
Ziellinie: 1 005 267,43 Euro

Startkapital	5000 €
Gesamte Einzahlungen	245 000,00 €
Erhaltene Zinsen	760 267,47 €
Endkapital	**1 005 267,47 €**

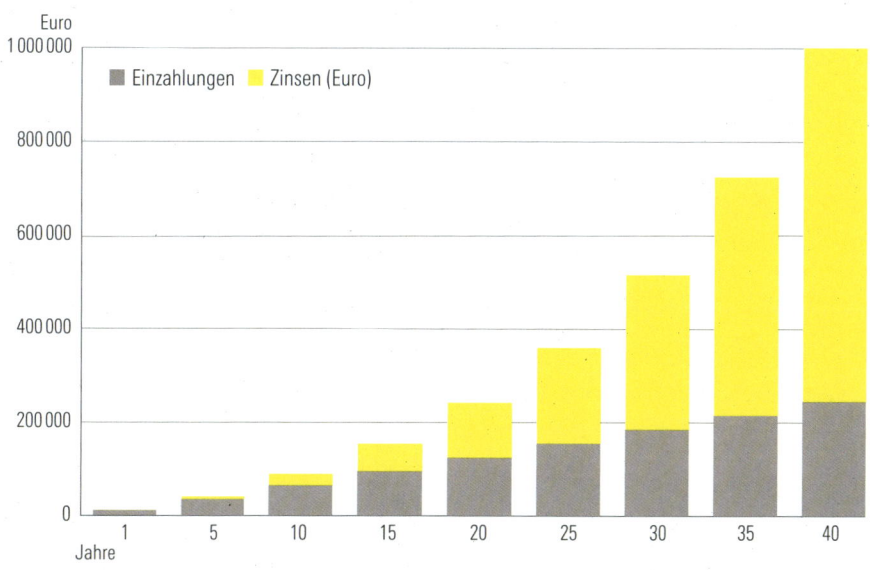

Quelle: Eigene Berechnungen: www.test.de/spar-rechner

Früh beginnen, so viel wie möglich anlegen und auf die richtigen Geldanlagen setzen – ungefähr so könnte sie lauten, die Erfolgsformel für angehende Millionäre. Verblüffenderweise bringen es viele Menschen auch ohne Spitzengehalt zu erstaunlichem Reichtum, weil sie konsequent sparen und – vor allem – investieren.

Die Grafik auf S. 61 zeigt: Wer mit einem Startkapital von nur 5000 Euro jeden Monat 500 Euro anlegt und im Schnitt 6 Prozent Rendite im Jahr erwirtschaftet, der hätte es nach 40 Jahren geschafft. Wer mehr Startkapital mitbringt, erreicht das Ziel schon früher. Nur am Rande: Über mehr als drei Jahrzehnte jeden Monat Hunderte von Euro einzuzahlen, ist keine Erfindung unseres Jahrhunderts. In der Blütezeit der Kapitallebensversicherungen war das gang und gäbe. Nur Millionär werden konnte man damit kaum, weil Todesfallschutz und Vermittlerprovision an der Rendite nagten.

SPARRATE FESTLEGEN. Mit dem kostenlosen Sparrechner der Stiftung Warentest können Sie verschiedene Szenarien durchrechnen. Zum Beispiel: Wie viel müssen Sie monatlich sparen, um bei einer Rendite von 5 Prozent in 15 Jahren 100 000 Euro zu erreichen? Oder: Wie groß ist der Endbetrag, wenn Sie 30 000 Euro bei einer Rendite von 1,5 Prozent zehn Jahre anlegen? Den Sparrechner finden Sie unter www.test.de/spar-rechner.

Lichten Sie den Dschungel Ihrer Finanzen – verschaffen Sie sich den Durchblick!

Herrscht auch bei Ihnen regelmäßig Ebbe in der Haushaltskasse? Das kann verschiedene Gründe haben. Natürlich ist es möglich, dass Sie objektiv keine großen Sprünge machen können. Gehalt zu niedrig, Ausgaben zu hoch – solche Sachen. Es könnte aber auch sein, dass Sie keinen Überblick über Ihre Finanzen haben, auf zu hohen Fixkosten sitzen oder Geld für Dinge verpulvern, die Sie gar nicht brauchen. Es gilt die alte Millionärsweisheit: Man kann jeden Euro nur einmal ausgeben. Oder man spart ihn einfach.

Hier drei goldene Regeln für alle, die sich nicht damit abfinden wollen, dass nie Geld da ist, um es auf die hohe Kante zu legen:

1 SPÜREN SIE GELDFRESSER AUF. Nicht nur reiche Menschen vergessen gern, dass sie stille Reserven in der Hinterhand haben. Auch unter uns Normalverdienern ahnt ein Großteil nichts davon. Nur, dass es bei uns nicht das Ferienhaus oder die Jacht sind, die wir gern übersehen, sondern überteuerte Strom-, Gas- und Mobilfunkverträge, zu hohe Kreditzinsen und überflüssige Abos. Wer seine Reserven heben will, kann grundsätzlich an zwei großen Schrauben drehen: Einnahmen aufstocken, Ausgaben reduzieren.

2 MACHEN SIE GELDVERMEHREN ZUR PRIORITÄT. „Sparen, was übrigbleibt" ist als Prinzip untauglich. Zweigen Sie das Geld, das Sie anlegen wollen, stattdessen zu einem Zeitpunkt ab, zu dem Ihr Konto gefüllt ist – am besten direkt nach dem Gehaltseingang und vollautomatisch. Das heißt: Lassen Sie Sparbeträge vom Konto abbuchen oder richten Sie einen Dauerauftrag ein. Warum? Weil es nicht nötig ist, sich das Leben extra schwer zu machen. Jeden Monat per Hand Hunderte Euro ins gefühlte Nichts zu überweisen, ist psychologisch gesehen ein Albtraum.

3 KALKULIEREN SIE REALISTISCH. Fangen Sie mit einem kleineren Betrag an, den Sie jeden Monat sparen. Überhaupt in Gang zu kommen ist zu Beginn das Wichtigste. Den eigenen Sparbeitrag später aufzustocken ist einfacher, als sich von Beginn an mit einer viel zu hohen Sparrate herumzuärgern. Wer sich zu Abstrichen am gewohnten Lebensstil gezwungen sieht, läuft Gefahr, nach kurzer Zeit die Brocken hinzuschmeißen und das Projekt Vermögensbildung abzubrechen. Im Endeffekt sind wir Menschen, wie übrigens auch Tiere, gegenwartsorientiert. Nur wenn wir uns finanziell im Jetzt wohlfühlen, sind wir bereit, ins Später zu investieren.

Worauf also noch warten? Packen Sie es an. Machen Sie einen Kassensturz, indem Sie im ersten Schritt Einnahmen und Ausgaben gegenüberstellen. Überlegen Sie sich, wie Sie zusätzlich Geld einnehmen und wo Sie welches einsparen können. Leiten Sie daraus konkrete Schritte ab und setzen Sie diese um.

Ziehen Sie die weiter unten beschriebenen fünf Schritte durch und verschaffen Sie sich das Geld, mit dem Sie Ihre finanzielle Zukunft gestalten. Bevor Sie es anlegen, begleichen Sie kurzfristige

Verbindlichkeiten. Bringen Sie Ihr Girokonto soweit ins Plus, dass Sie den teuren Dispokredit nicht mehr brauchen. Auch für aufgeschobene Online-Zahlungen und ausstehende Kreditkartenabrechnungen sollten Sie Geld einplanen, außerdem eine Notreserve für unvorhergesehene Ausgaben (siehe „Terrassenmodell", S. 86, 88).

DIE 50:30:20-REGEL: Harvard-Professorin Elizabeth Warren stellte folgende berühmt gewordene Faustregel zur Aufteilung des Einkommens auf: 50 Prozent sollten zur Befriedigung grundlegender Bedürfnisse wie Wohnen und Essen dienen. 30 Prozent sind für die Erfüllung persönlicher Wünsche da, etwa Kino- und Restaurantbesuche, und die restlichen 20 Prozent für den Abbau von Schulden und die Vermögensbildung.

Einnahmen erfassen und erhöhen

Auch wenn die Posten auf der Habenseite bei den meisten Menschen nicht sehr zahlreich sind – es lohnt sich, sie aufzulisten und Ideen für zusätzliche Einnahmen zu entwickeln.

Als wir zu Beginn des Buches beschlossen, uns in Gelddingen nicht länger selbst im Weg zu stehen und an einem neuen, positiven Money Mindset zu arbeiten, ging es neben dem Ablegen überholter Glaubenssätze und dem Erwerb von Grundlagenwissen auch darum, dass wir uns einen Überblick über unsere Finanzen verschaffen und diesen ab sofort auch behalten.

An diesem Punkt sind wir nun angelangt. Um ein Gefühl dafür zu bekommen, starten wir unseren Erkundungsgang durch die eigenen Einnahmen und Ausgaben mit einem kleinen Selbsttest: Wissen Sie auf 50 Euro genau, wie viel Geld Sie im Monat ausgeben können? Gemeint ist die Summe, die Ihnen und den anderen Angehörigen Ihres Haushalts nach Abzug sämtlicher Fixkosten zum Leben bleibt – das sogenannte verfügbare Einkommen.

Wahrscheinlich müssen Sie schätzen, was gar nicht schlimm ist. Wie Ihnen geht es den meisten Menschen. Na, dann: Schätzen Sie. Schreiben Sie den Betrag auf einen Zettel und legen Sie diesen erst einmal zur Seite. Am Ende dieses Kapitels vergleichen Sie Ihre Schätzung mit dem tatsächlichen Wert.

Egal, ob Ihre Schätzung zufällig richtig oder komplett falsch ist: Wahrscheinlich haben Sie bei der Frage nach Ihrem verfügbaren Einkommen ein Gefühl der Unsicherheit verspürt – und das völlig zu Recht. Denn wie wollen Sie entscheiden, wie viel Geld Sie pro Monat zur Seite legen können, wenn Sie nicht einmal wissen, wie viel Ihnen insgesamt zur Verfügung steht? Im Prinzip ist es dasselbe Gefühl, wie ohne Navi oder Stadtplan durch eine fremde Stadt zu irren und zu hoffen, dennoch ans Ziel zu kommen.

> **STEUERN UND ABGABEN: Viele Menschen beklagen, dass ihnen bei der monatlichen Gehaltsabrechnung ein Teil weggenommen werde. Wieder so ein negativer Glaubenssatz! In Wahrheit kommen Einkommenssteuer und Sozialabgaben uns selbst und der Allgemeinheit zugute. Zu einem positiven Money Mindset gehört die Einsicht, dass dieses Geld – bei aller berechtigten Kritik – gut investiert ist, weil wir damit Gesundheit und Pflege bezahlen, Rentenansprüche erwerben sowie Infrastruktur, Bildung und innere Sicherheit mitfinanzieren.**

Weitaus verlässlicher als jede Schätzung sind konkrete Zahlen. Das verfügbare Monatsbudget lässt sich relativ einfach ermitteln, indem wir die Summe aller Fixkosten von den Gesamteinnahmen abziehen. Das Ermitteln beider Werte macht ein bisschen Arbeit, weil wir gezwungen sind, sämtliche Einzelposten sauber zu erfassen.

Dennoch ist die Sache gerade für Angestellte meist schnell erledigt, weil bei ihnen jeden Monat dieselben Posten anfallen. Ganz anders verhält es sich bei den Einnahmen von Freiberuflern und Selbstständigen, denn diese können sich von Monat zu Monat erheblich unterscheiden.

Ein verlässlicher Wert lässt sich also in vielen Fällen nur ermitteln, wenn wir unsere Einnahmen über einen gewissen Zeitraum erfassen und diese danach in einen Durchschnittswert einfließen. Wie das in der Praxis funktioniert, schauen wir uns gleich näher an.

Schritt 1: Listen Sie alle Einnahmen eines Jahres lückenlos auf

Zu Beginn eine weitere Dosis Finanzwissen: Unser Steuerrecht beglückt uns mit sieben Arten von Einkünften. Einkünfte – das sind unsere Einnahmen, vermindert um die Ausgaben, die wir dafür aufwenden – die so genannten Werbungskosten. Prominentes Beispiel sind die Fahrtkosten für den Arbeitsweg.

Der Unterschied zwischen Einnahmen und Einkünften soll uns nicht weiter beschäftigen – wichtig ist hier nur, dass uns die Einkunftsarten einen ersten Überblick geben, womit sich Einnahmen erzielen lassen. Details dazu liefert die Liste auf der rechten Seite.

1 NICHTSELBSTSTÄNDIGE TÄTIGKEIT: Hinter dem sperrigen Begriff verbergen sich ganz simpel Lohn oder Gehalt, sowohl aus dem Hauptjob als auch aus möglichen Nebentätigkeiten.

2 SELBSTSTÄNDIGE TÄTIGKEIT: Damit sind Einkünfte freier Berufe gemeint, also zum Beispiel von Ärzten, Apothekern, Notaren, Rechtsanwälten, Hebammen und Journalisten.

3 GEWERBEBETRIEB: Zu dieser Kategorie zählen Selbstständige mit eigenem Unternehmen, die sich am „allgemeinen wirtschaftlichen Verkehr" beteiligen und damit Gewinne erzielen.

4 LAND- UND FORSTWIRTSCHAFT: Einkünfte aus landwirtschaftlicher Tätigkeit sowie Garten- und Weinbau, aus Tierzucht, Jagd und Wanderschäferei fallen in diese Gruppe. Auch wer nebenher eine Molkerei oder Mühle betreibt, die zu mindestens 75 Prozent eigene Produkte verarbeitet, muss diese Einnahmen versteuern.

5 VERMIETUNG UND VERPACHTUNG: Wer eine Wohnung oder ein Haus vermietet, ein Grundstück verpachtet oder anderen ein Urheberrecht überlässt, fällt unter diese Kategorie.

6 KAPITALVERMÖGEN: Hierher gehören Gewinne aus Geldanlagen, also Zinsen, Dividenden und Kursgewinne – doch nur, wenn die entsprechenden Anlagen tatsächlich verkauft wurden.

CHECKLISTE: EINNAHMEQUELLEN

Mehr als das monatliche Gehalt?
Sicher! Gehen Sie die Liste durch –
Ihnen kommen bestimmt weitere Ideen.

ERWERBSEINKOMMEN

- [ ] Nettolohn / -gehalt
- [ ] Weihnachts- / Urlaubsgeld
- [ ] Nebenverdienst / Trinkgelder
- [ ] Minijob
- [ ] Selbstständige (Neben-) Tätigkeit
- [ ] Honorare / Provisionen / Tantiemen
- [ ] Sondervergütungen / Leistungs-prämien / Boni

RENTEN, PENSIONEN, STAATLICHE ZUWENDUNGEN

- [ ] Altersrente / Pension
- [ ] Hinterbliebenen- / Erwerbs-minderungsrente
- [ ] Arbeitslosen- / Bürgergeld
- [ ] Bafög, Stipendium, Studien-finanzierung
- [ ] Kindergeld
- [ ] Mutterschafts- / Elterngeld
- [ ] Wohngeld

EINNAHMEN AUS PRIVATEN ZAHLUNGEN

- [ ] Unterhalt
- [ ] Geldgeschenke

EINNAHMEN AUS VERMÖGEN

- [ ] Zinsen, Dividenden
- [ ] Realisierte Kursgewinne
- [ ] Ausgezahlte Sparbeträge
- [ ] Miet- / Pachteinnahmen

ERSTATTUNGEN

- [ ] Finanzamt
- [ ] Krankenkasse
- [ ] Versorger (Gas, Strom, Wasser)

SONSTIGES

- [ ] Regelmäßige Verkäufe
- [ ] Private Dienstleistungen
- [ ] Mitfahrgelegenheiten
- [ ] Ehrenamt

7 SONSTIGE EINKÜNFTE: Hierzu zählen – neben Abgeordnetendiäten – Einkünfte aus wiederkehrenden Bezügen wie gesetzliche Altersrente, andere Renten sowie Unterhaltsleistungen. Auch Einkünfte aus privaten Verkäufen von über 600 Euro im Jahr gehören hierher – ausgenommen sind Gegenstände des täglichen Gebrauchs und gelegentliche Verkäufe in üblichem Umfang, etwa nach einer Entrümpelungsaktion. Das Finanzamt interessiert sich auch für Verkäufe von Edelmetallen, Krypto- und Fremdwährungen sowie Oldtimern und Schmuck sowie Gebäuden und Grundstücken.

Welche steuerlichen Regeln im Einzelfall gelten, muss uns hier nicht interessieren. Wichtig ist, dass wir uns einen Katalog an möglichen Einnahmen zusammenstellen und diesen anschließend Posten für Posten durchgehen. Noch ist dieser Katalog nicht vollständig – denn neben den steuerpflichtigen gibt es auch steuerfreie Einnahmen.

8 STEUERFREIE EINNAHMEN. Keine Einkommenssteuer wird erhoben auf Kindergeld sowie Lohnersatzleistungen wie Mutterschafts-, Kranken- und Elterngeld, Leistungen aus Kranken-, Pflege- und Unfallversicherung, die Erstattung vom Finanzamt oder dem Stromversorger sowie die Vergütung für eine ehrenamtliche Tätigkeit (bis zu einem Höchstbetrag).

Um eine verlässliche Basis für unsere weiteren Berechnungen zu bekommen, ermitteln wir die monatlichen Einnahmen einheitlich. Das heißt: Auch Angestellte picken sich nicht nur einen Monat heraus, sondern addieren wie Freiberufliche und Selbstständige die Einnahmen eines Kalenderjahres und teilen diese dann durch zwölf. So ist gewährleistet, dass auch Urlaubsgeld, Prämien etc. einfließen.

Art und Höhe sämtlicher Einnahmen lassen sich anhand von Kontoauszügen relativ bequem feststellen. Immerhin müssen Sie dafür nur die Spalte „Haben" durchforsten, in der normalerweise deutlich weniger Posten stehen als unter „Soll".

Legen Sie sich zum systematischen Erfassen am besten eine Tabelle an – entweder auf dem Rechner oder in Papierform. Diese sollte neben der Spalte „Art der Einnahme" zwölf weitere Spalten für die einzelnen Monate haben. Jetzt benennen Sie die einzelnen Einnahmearten (Gehalt, Prämie, Kindergeld etc.) und tragen in die Monatsspalten die jeweiligen Beträge ein. Am Ende bilden Sie für jede Monatsspalte die Summe der Einnahmen, rechnen diese zur Gesamteinnahme zusammen und teilen sie am Ende durch zwölf.

Schritt 2: Erhöhen Sie Ihre Einnahmen und finden Sie neue Einnahmequellen

Bevor wir uns den Ausgaben zuwenden, lohnen sich ein Blick auf die Einnahmen und ein paar Gedanken dazu, ob und wie diese sich eventuell erhöhen lassen. Im Folgenden einige Anregungen – natürlich ohne Anspruch auf Vollständigkeit:

1 JOB: Haben Sie demnächst eine Lohnerhöhung zu erwarten, zum Beispiel aufgrund eines neuen Tarifabschlusses? Haben Sie darüber hinaus Argumente, die eine Gehaltserhöhung rechtfertigen, etwa eine erfolgreiche Weiterbildung (siehe auch „Gehaltsverhandlung", S. 70)? Können Sie in Ihrem Job zusätzliche Aufgaben übernehmen und sich dadurch einen Zusatzverdienst sichern?

2 NEBENVERDIENST: Können Sie über einen Mini- oder Midijob zusätzliche Einnahmen erzielen? Der Hauptarbeitgeber muss eine solche Tätigkeit genehmigen – würde das problemlos gehen? Was bleibt nach Abzug eventueller Steuern wirklich übrig? Steht das in einem Verhältnis zum zusätzlichen zeitlichen Aufwand? Könnten Sie in Ihrer Wohnung dauerhaft oder wochenweise ein Zimmer oder den Keller untervermieten? Könnten Sie andere gegen Kostenbeteiligung auf längeren Autofahrten mitfahren lassen?

3 UNTERHALT: Bekommen Sie selbst den Ihnen zustehenden Unterhalt, zum Beispiel nach einer Scheidung oder auch für Ihre Kinder?

4 STEUER: Haben Ihre Partnerin oder Ihr Partner und Sie selbst die günstigste Steuerklassenkombination, sodass Sie ein möglichst hohes Monatseinkommen haben? Können Sie durch Fahrtkosten zur Arbeit, Ausstattung des Home Office, doppelte Haushaltsführung oder andere Dinge durch die Steuererklärung Geld vom Staat zurückbekommen?

5 RESERVE: Liegt auf Ihrem Girokonto ein größerer Geldbetrag, den Sie mittelfristig nicht benötigen und der auf einem Tages- oder Festgeldkonto eine höhere Rendite erzielen würde?

Exkurs: Gehalt zu niedrig?
Wie Sie Ihrem Netto
einen Schub verpassen

Lange nichts mehr passiert in der untersten Zeile der Gehaltsabrechnung? Dann ist es Zeit, mit dem Geschäftsführer oder der Abteilungsleiterin über eine Erhöhung zu sprechen. Ist diese nicht ohnehin Thema im jährlichen Mitarbeitergespräch, und gibt nicht ein Tarifvertrag die Steigerungen vor, sollten Sie sich nicht scheuen, Ihren Vorgesetzten bei Gelegenheit um einen Gesprächstermin zu bitten.

Günstige Zeitpunkte sind der Ablauf der Probezeit, die Akquise eines wichtigen Auftrages oder der Abschluss eines Projekts. In jedem Fall gilt es, sich mit guten Argumenten zu wappnen. Warum wollen Sie gerade jetzt mehr Geld verdienen? Dafür kann es externe Gründe geben, etwa die zuletzt gestiegenen Lebenshaltungskosten – als auch interne Gründe, etwa die Tatsache, dass ihr Aufgabenbereich gewachsen ist, weil ein Kollege den Betrieb verlassen hat.

Überlegen Sie sich genau, wie Ihre Stellung im Unternehmen aktuell aussieht, welchen Beitrag Sie für dessen Geschäftserfolg leisten und wie Sie durch Ihre künftige Arbeit die Gehaltserhöhung rechtfertigen wollen. Stichworte: höhere Motivation, noch größerer Einsatz, Bereitschaft für höhere Aufgaben etc.

Auch in Jobs mit Tarifbindung lässt sich das Gehalt unter Umständen optimieren. Hat sich zum Beispiel ihr Stellenprofil zuletzt geändert, kommt unter Umständen eine höhere Einstufung oder gar eine höhere Eingruppierung in Frage. Sich deswegen mit dem Arbeitgeber vor Gericht zu streiten, sollte jedoch immer die letzte Möglichkeit sein. Ein Gang zum Betriebsrat kann das in vielen Fällen verhindern.

STEUERFREIE EXTRAS: Nicht immer ist eine Gehaltserhöhung das Mittel der Wahl – zumal Einkommensteuer und Sozialabgaben einen erheblichen Teil davon wieder abziehen. Alternativ können Unternehmen Mitarbeitenden steuerfreie Extras gewähren, zum Beispiel das ÖPNV-Ticket oder einen Fahrtkostenzuschuss fürs private Auto zahlen. Auch Zuschüsse für Kinderbetreuung sowie Tankgutscheine und andere Wertkarten sowie kostenloser Ladestrom fürs E-Auto sind möglich.

Ausgaben checken und Sparpotenziale finden

Kaum haben Lohn oder Gehalt den Kontostand erhöht, lassen Miete, Handyrechnung & Co. ihn wieder abrauschen. Am Guthaben knabbern auch Ausgaben für Lebensmittel, Mobilität und Freizeit.

Auch wenn sie etwas aufwendig zu ermitteln ist – es gibt sie, diese eine Zahl. Diesen einen Geldbetrag, den wir Monat für Monat aufwenden, damit wir wohnen können, Licht und Wärme haben und mit der Welt verbunden sind. Damit wir rundum versichert sind, mit der S-Bahn fahren und Sport treiben können.

Dieser Betrag ist eine Summe, die sich aus zehn, zwanzig oder noch mehr kleineren Beträgen errechnet. Wer da den Überblick behalten und Wildwuchs verhindern will, muss ganz schön auf Zack sein. Denn eines haben diese sogenannten Fixkosten an sich: Im Lauf der Zeit wird die Liste der einzelnen Posten immer länger. Mehr Posten – das heißt oft auch: mehr Kosten.

In der Realität geht das meist so lange gut, bis sich das flaue Gefühl einschleicht, dass einem die Ausgaben über den Kopf wachsen: Miete und Energiekosten sind schon wieder gestiegen, die Autoversicherung wurde auch teurer und aus dem einem Streaming-Abo sind im letzten Jahr fünf geworden. Spätestens, wenn gefühlt kaum noch Geld für andere Ausgaben übrig bleibt, ist es Zeit, der Sache auf den Grund zu gehen.

Denn es ist ja nicht so, dass nur die Fixkosten ins Kontor schlagen. Die sind wenigstens einigermaßen kalkulierbar. Für die variablen Kosten gilt das weit weniger: Zwar sind die Ausgaben für Lebensmittel bei den meisten von uns halbwegs stabil, lassen sich Möbelkäufe und Konzertbesuche einigermaßen planen. Doch für spontane Einkäufe, Wochenendtrips und Restaurantbesuche gilt das in der Regel nicht. Ausgaben dafür fallen häufig ungeplant an und haben überdies die unangenehme Eigenschaft, sich zu ballen.

Schön, wenn unser Kontostand derlei Vergnügungen aushält, ohne gleich in den roten Bereich abzurutschen. Aber was, wenn jede kleine Eskapade droht, uns in den Dispo zu reißen?

Dann ist es höchste Zeit gegenzusteuern. Wer sich ab und zu die Mühe macht, sowohl Fixkosten als auch variable Ausgaben zu analysieren, entdeckt unter Garantie Potenzial, das es ermöglicht, jeden Monat bares Geld zu sparen.

Das lässt uns nicht nur entspannter in Richtung Monatsende blicken, sondern verschafft uns ein Budget für den gezielten Aufbau von Vermögen. Doch zunächst die fixen und variablen Ausgaben.

Schritt 3: Fixkosten und variable Ausgaben erfassen und analysieren

Unter Fixkosten versteht man Ausgaben, die regelmäßig – zum Beispiel jeden Monat, viertel- oder halbjährlich – in meist unveränderter Höhe anfallen. Sie basieren meist auf Verträgen mit Dienstleistern wie Banken, Energieversorgen und Mobilfunkunternehmen.

Am einfachsten lassen sich Fixkosten mithilfe von Kontoauszügen erfassen. Um auch jährlich gezahlte Kosten, zum Beispiel Versicherungsbeiträge, nicht zu übersehen, ist es ratsam, die Kontoauszüge eines vollen Kalenderjahres zu durchforsten.

Notieren Sie in einer Tabelle – entweder auf einem Blatt Papier oder im Computer – jeweils Datum, Art der Ausgabe und genauen Betrag. Rechnen Sie dann wie bei den Einnahmen die jeweiligen Monatssummen und zum Schluss die Gesamtsumme aus.

Die variablen Kosten sind das frei verfügbare Einkommen in jeder Haushaltskasse. Es ist der Teil, für den wir uns in erster Linie abrackern – um ihn dann ganz nach unseren Wünschen auszugeben: für den Coffee-to-go am Morgen, das Essen in der Mittagspause, den Klamottenkauf nach Feierabend, das Taxi in der Nacht. Für das coole E-Bike, die neue Küche, die ersehnte Fernreise. So gesehen kann dieser Posten gar nicht groß genug sein. In der Praxis ist er meist jedoch viel zu klein. Warum? Weil das freie Budget von allen Seiten bedroht ist. Einen Teil knabbern steigende Ausgaben weg, einen anderen die Inflation.

Die häufigste Frage im Bereich Monatsbudget lautet ganz eindeutig: Wo ist mein ganzes Geld geblieben? Gerade erst abgehoben, schon wieder weg. Die zahlreichen Abbuchungen auf unserem

CHECKLISTE:
AUSGABEN ERFASSEN

Die Liste der laufenden Ausgaben
ist lang. Seien Sie gründlich – und ehrlich:
Was fällt an? Was ist unnötig?

FIXKOSTEN

○ Wohnen: Miete / Pacht / Rate für Immobilien-kredit, Nebenkosten / Hausgeld

○ Medien: Telefon, Internet, Handy-Flat, Rund-funkbeitrag / Kabelgebühr, Streamingdienste

○ Mobilität: Fahrkarten-Abo, Kfz-Steuer, Kfz-Versicherung, Leasingraten Pkw, Park-ausweis / Garagenmiete, Autoclub, Kraftstoff

○ Bildung: Unterrichts- / Kursgebühren (etwa Universität / Volkshochschule)

○ Freizeit: Fitnessstudio, Vereins- / Mitglieds-beiträge, Zeitungs-, Zeitschriftenabos

○ Kinder: Betreuungskosten, Taschengeld, Schulgeld, Kita-/Schulessen

○ Finanzen: Konto- / Kartengebühren, Depot- / Ordergebühren, Sparpläne, Riester- / Rürup, private Rentenversicherungen

○ Versicherungen: Privathaftpflicht-, Hausrat-, Berufsunfähigkeit-, Risikoleben-, Unfall-, Kranken- / Pflegekasse, gesetzliche Renten-versicherung, Private Kranken- / Pflege-, Kranken-Zusatz-, Rechtsschutzversicherung

VARIABLE KOSTEN

○ Ernährung: Supermarkt-Wocheneinkauf, Imbiss, Coffee-to-go, Lieferdienst, Kantine, Restaurant, Café

○ Versorgung: Nahrungsergänzungsmittel, Medizin, Arzthonorare, Krankenhausgebühren

○ Wohnen: Möbel, Einrichtung, Instandsetzung, Renovierung, Handwerker, Hausrat, Haus-haltselektronik, Reinigungsmittel, -geräte

○ Kleidung und Hygiene: Kleidung, Schuhe, Accessoires, Pflegemittel, Kosmetika, Friseur, Kosmetik-, Nagelstudio, Reinigung, Wäscherei

○ Bildung, Freizeit: Bücher, Zeitungen, Zeit-schriften, Musik, Filme, Hörbücher, Vereine, Fitness-Studio, Kino, Konzerte, Haustier, Gar-ten, Hobby, Zug-, Bus-, Flugticket, Unterkunft

○ Multimedia: PC, Laptop, Tablet, Smartwatch, Handy, Kopfhörer, E-Reader, Drucker, Monitor

○ Finanzen: Geschenke, Geldspenden, Mahn-gebühren, Bußgelder, Dispozinsen

○ Sonstige Ausgaben

Kontoauszug sprechen eine deutliche Sprache – doch so genau wollten wir das bisher lieber gar nicht wissen.

Strategien, um die Schwindsucht im Geldbeutel zu bekämpfen, sind so zahlreich wie die Cent-Stücke, die sich im Lauf der Zeit als Bodensatz darin ablagern. Ein untauglicher Weg ist auf jeden Fall das bargeldlose Zahlen: Studien zeigen, dass wir mit Karte oder Smartphone mehr Geld ausgeben als wenn wir bar zahlen.

PLASTIKGELD MACHT SORGLOS: Wer nicht mehr kaufen will als geplant, sollte Girocard und Kreditkarte so oft wie möglich zu Hause lassen. Das Bezahlen mit Plastikgeld wird immer beliebter und einfacher – führt jedoch eher dazu, dass wir mehr Geld ausgeben und den Überblick über unsere Ausgaben verlieren. Auch die Möglichkeit, an der Kasse von Supermärkten, Tankstellen und anderen Händlern Geld abzuheben, führt nicht nur zu mehr Flexibilität, sondern zum „lockeren Händchen".

Auf die Spitze getrieben wird das Ganze durch verlockende Kreditangebote. Ist eine klassische Händlerfinanzierung für größere Anschaffungen wie TV-Gerät oder Couchgarnitur noch überschaubar, erlauben immer mehr Händler und Zahlungsdienstleister, auch kleinere Rechnungen mit Verzögerung zu begleichen. Für den laufenden Monat ist das eine Entlastung – für den oder die Folgemonate eine Hypothek: Diese beginnen dann bereits mit Abstrichen am Budget.

Weitere Herausforderungen für die eigene Standhaftigkeit sind die klassischen Tricks der Händler, mit denen sie ihre Kundschaft zu Spontankäufen animieren wollen. Das reicht von der Platzierung und Präsentation bestimmter Produkte bis hin zu echten und vermeintlichen Sonderangeboten und Mengenrabatten.

Und wir? Nehmen solche Einladungen – oft wider besseres Wissen – dankend an. Hätten wir die verbilligte Marmelade, den exotischen Brotaufstrich von der Kühlregal-Resterampe, die reduzierten Laufschuhe oder das Dreierpack T-Shirts zum Preis von einem tatsächlich gebraucht? Natürlich nicht – und dennoch greifen wir zu, als ob uns eine unsichtbare Macht dazu zwingen würde.

Diese unsichtbare Macht gibt es tatsächlich. Es ist unsere Psyche beziehungsweise die biochemischen Abläufe in unserem Gehirn. Neurowissenschaftler haben nachgewiesen, dass der Konsum von Produkten und das Ergattern (vermeintlicher) Schnäppchen Areale aktiviert, die zum Belohnungssystem gehören.

Beim Anblick eines Prozentzeichens feuert das Belohnungssystem Glückshormone. Beim Anblick des Preises empfinden wir einen Bezahlschmerz. Beide tragen eine Art Kampf aus. Erscheint der Schmerz verkraftbar, ist die Kaufentscheidung gefallen – zumal Händler diese gern beschleunigen, indem sie einen Zeitdruck aufbauen, etwa durch die Ankündigung „Solange der Vorrat reicht".

Wollen wir uns vor unüberlegten Anschaffungen schützen, müssen wir unser Gehirn zurücküberlisten – etwa indem wir den Tiefstpreis kurz vergessen und uns fragen, ob wir das Produkt brauchen. Wer schon zwei Fernseher hat, benötigt keinen dritten.

Was den Preis angeht, können wir mit Preissuchmaschinen schnell und sicher ermitteln, ob es sich tatsächlich um ein Schnäppchen handelt. Insbesondere vor dem Kauf hochwertiger Produkte sollten wir innerlich einen Schritt zurücktreten, uns nicht unter Zeitdruck setzen lassen und angebliche Rabatte hinterfragen.

Für mehr Kontrolle tragen wir am besten jeden Abend die Ausgaben des Tages in eine Tabelle ein. In der ersten Spalte steht das Datum, darunter listen wir einzelne Artikel („Coffee-to-go") beziehungsweise Sammelposten („Lebensmittel") samt Preis auf. Damit wir später sehen, in welche Bereiche besonders viel Geld fließt, bilden wir verschiedene Töpfe. Bewährt haben sich als Spalten der Tabelle die Rubriken Ernährung, Haushalt/persönlicher Bedarf, Bildung/Freizeit und Sonstiges.

Außerdem ist es sinnvoll, zwischen notwendigen und nicht notwendigen Ausgaben zu unterscheiden – indem wir jede Spalte nochmals in „Muss" und „Kann" unterteilen. Die Unterscheidung ist oft nicht einfach zu treffen, lässt aber Rückschlüsse zu. Klar, dass sich Einsparpotenziale vor allem in den „Kann"-Spalten verbergen.

ELEKTRONISCHE AUSZÜGE: Neben Kassenbons und Rechnungen eignen sich auch elektronische Kontoauszüge als Zahlungsbelege. Dort tauchen bargeldlose Zahlungen jedoch oft erst am nächsten Werktag auf – dann heißt es, die Ausgaben nachzutragen. Wer kein Online-Banking nutzt und seinen Kontostand nicht in Echtzeit einsehen kann, muss Ausgaben anhand der Papierauszüge im Block nachtragen.

Am Ende des Monats sollten wir eine Aufstellung in den Händen halten, aus der hervorgeht, wie hoch unsere Ausgaben insgesamt, pro Rubrik sowie jeweils unter „Muss" und „Kann" waren.

Sparpotenziale heben – Rotstift ansetzen

Das Vorhaben, künftig insgesamt weniger Geld auszugeben, führt verlässlich zu Frust. Wer sich diesen sparen will, nimmt sich einzelne Posten vor und legt möglichst konkrete Sparziele fest.

Daten sinnvoll auszuwerten ist alles andere als trivial. Das gilt nicht nur für Buchhaltungsfachleute sowie IT-Spezialisten und Spezialistinnen. Auch der Datenwust, den wir im Hinblick auf unsere Ausgaben fleißig angesammelt haben, will im Folgenden so gut wie möglich entwirrt werden – sodass sich für uns spürbare und praktikable Einsparmöglichkeiten ergeben.

WICHTIGE UND SIMPLE ERKENNTNIS: Erste Aufschlüsse für Einsparmöglichkeiten bringt schon der Vergleich aus Gesamtausgaben und verfügbarem Einkommen – also der Differenz zwischen Einnahmen und Fixkosten. Übersteigen die Ausgaben die Einnahmen, ist es kein Wunder, dass das Konto am Monatsende immer in den Miesen ist. Ist es umgekehrt, müsste sich mit der Zeit ein Polster ansammeln – es sei denn, wir haben den falschen Zeitraum betrachtet und größere Ausgaben nicht miterfassen können.

Im Folgenden widmen wir uns nacheinander und ausführlich den Bereichen Fixkosten und variable Ausgaben.

Wir durchforsten alle möglichen Schlupflöcher. Außerdem fahnden wir gezielt nach Sparpotenzialen. Anschließend legen wir fest, welche Posten sich zeitnah optimieren lassen und welche wir auf später verschieben.

Wichtig ist: Einerseits sollte möglichst keine Sparchance unter den Tisch fallen. Immerhin geht es hier um bares Geld, das wir auf jeden Fall sinnvoller einsetzen können. Andererseits wollen wir weiterhin das Leben genießen. Welche der Kürzungen zu viel des Guten ist, darf jede und jeder für sich selbst entscheiden.

Schritt 4: Verträge und Tarife anpassen, Fixkosten reduzieren

Fixkosten sind fix? Von wegen. Einsparpotenzial gibt es besonders dort, wo wir uns seit Jahren nicht gekümmert haben.

Nehmen wir uns die Tabelle von S. 73 zur Hand und gehen die Posten nacheinander durch. Sowohl was die Kosten für Energieversorger, Telekommunikations- und Internetanbieter betrifft, als auch im Hinblick auf Banken und Versicherungen sind meist erhebliche Einsparungen möglich. Grundsätzlich gibt es zwei Varianten:

1 **TARIFWECHSEL:** Insbesondere Anbieter von Internet- und Telekommunikationsdiensten bieten ihrer Kundschaft Tarife an, deren Konditionen sich während der Vertragslaufzeit nicht ändern. Was sich im Lauf der Zeit jedoch sehr wohl ändert sind Tarifstrukturen und Konditionen, weil die Anbieter ihre Dienstleistungen an die Bedürfnisse der Kundschaft anpassen. Von neuen Tarifen profitieren jedoch nur Neulinge automatisch, während Bestandskunden in alten, in der Regel teureren Tarifen stecken. In solchen Fällen heißt es, aktiv zu werden. Meist ist ein Wechsel in einen günstigeren Tarif desselben Anbieters problemlos möglich. Allerdings löst dieser in der Regel eine neue Mindestvertragslaufzeit aus – das heißt, man bleibt für eine bestimmte Zeit an den aktuellen Anbieter gebunden.

2 **ANBIETERWECHSEL:** Dem gegenüber können zum Beispiel Energieversorger und Versicherungen ihre Preise während des laufenden Vertragsverhältnisses ändern. In solchen Fällen steht uns als Kunden ein Sonderkündigungsrecht zu. Wer wechseln will, vergleicht zunächst die Konditionen und sucht sich dann einen neuen Anbieter. Dieser hilft Kunden in den meisten Fällen beim Wechseln oder erledigt sogar den ganzen Vorgang in deren Auftrag.

Da sich sowohl Tarif- als auch Anbieterwechsel im Rahmen von Vertragsverhältnissen abspielen, sind Kündigungsfristen zu beachten. Von daher ist es sinnvoll, sich zunächst anhand der Checkliste „Fixkosten" (siehe S. 73) und der jeweiligen Vertragsunterlagen einen Überblick zu verschaffen, zu welchem Termin ein Tarif- oder Anbieterwechsel möglich ist und bis wann dieser in die Wege zu leiten ist.

Anschließend suchen wir uns ein für unseren Bedarf passendes, günstigeres Angebot. Dies ist in aller Regel im Internet problemlos möglich – beim Tarifwechsel über die Website des Anbieters, beim Anbieterwechsel über Vergleichsportale.

Anhand unserer Liste „Fixkosten" vergleichen wir Beträge, die wir im jeweiligen Abrechnungszeitraum bezahlen, mit denen aktueller Angebote. Diese finden sich auch in den Untersuchungen der Stiftung Warentest. Ergebnisse sind auf test.de nach Eingabe des Stichworts abrufbar. Nutzer mit Flatrate haben kostenlosen Zugriff.

Zahlen belegen, dass ein Großteil der Haushalte noch nie den Energieversorger, die Versicherungsgesellschaft oder den Handy-Anbieter gewechselt hat. Nur Mut! Ein Wechsel muss weder begründet werden, noch darf der bisherige Anbieter ihn ablehnen. Stattdessen nimmt einem der neue Anbieter meist eine Menge Arbeit ab.

STROM-/GASANBIETER WECHSELN: Auf der letzten Abrechnung stehen Kunden- und Zählernummer sowie Jahresverbrauch. Nach dem Checken der Kündigungsfrist rufen Sie einen Vergleichsrechner wie check24.de oder verivox.de auf und geben Postleitzahl und Jahresverbrauch ein. Bei der Auswahl des Tarifs geht Sofortbonus vor Neukundenbonus. Schließen Sie den Vertrag ab, regelt die Kündigung des alten der neue Versorger.

Schritt 5: Variable Ausgaben reduzieren mit Augenmaß

Wer schon einmal wandern war, kennt vielleicht diese beiden Extreme: Da gibt es den Camper, der abends neben dem Zelt auch den Espressokocher auspackt. Und es gibt den Ultraleicht-Backpacker, der den Stiel seiner Zahnbürste abgesägt hat, damit sein Gepäck noch ein paar Gramm leichter ist. Wie halten wir es? Die meisten von uns würden sich vermutlich irgendwo in der Mitte einsortieren.

Ganz ähnlich ist es bei den variablen Ausgaben. Sparen lässt sich überall – wichtig dabei ist aber, dass passende Maß zu finden.

Der eine mag einfach, regelmäßig gut essen zu gehen? In Ordnung. Die andere möchte alle gelesenen Bücher besitzen, statt nur zu leihen? Einverstanden. Ganz individuell können variable Ausgaben ausgeklammert werden, wenn sie uns wichtig sind. Weder ist unser Ziel ein extremer Verzicht wie beim Frugalismus (siehe ab S. 90), noch ist es zielführend, seine Lebensqualität dauerhaft einzuschränken.

Wer die Vorarbeit – wie in Schritt 3 auf S. 72 beschrieben – erledigt hat, blickt nun auf eine Tabelle, in der die Ausgaben eines Kalendermonats festgehalten sind. Die Tabelle ist zur Übersichtlichkeit am besten unterteilt in verschiedene Rubriken. Hier ein paar Anregungen zum Sparen mit Augenmaß:

1 ERNÄHRUNG: Wer nur so viel einkauft, wie er verbrauchen kann, reduziert Lebensmittelabfälle und unnütze Einkäufe. Das ist gut für Umwelt, Klima und den Geldbeutel. Günstige Handelsmarken sind oft genauso gut wie Markenprodukte.

2 HAUSHALT / PERSÖNLICHER BEDARF: Moderne Haushaltselektronik erlebt nach einigen Monaten oft einen starken Preisverfall. Smartphones, Computer und Fernseher aus dem Vorjahr kosten bereits deutlich weniger als die aktuellen Modelle. Soll es ein aktuelles Modell sein, empfehlen sich oft die Mittelklasse-Modelle, die ausreichend Funktionsumfang für die alltägliche Nutzung mitbringen und deutlich günstiger sind. Ebenfalls empfehlenswert ist gebrauchte, generalüberholte Hardware, oft auch als „refurbished" bezeichnet. Auch beim Werkzeug-Fuhrpark reicht oft die Grundausstattung – Spezialgeräte wie die Oberfräse für das neue Bauprojekt können im Fall der Fälle im Baumarkt oder bei lokalen Nachbarschaftsportalen ausgeliehen werden.

3 BILDUNG / FREIZEIT: Für oft besuchte Parks, Museen und Kinos gibt es oft Dauerkarten oder Bonusprogramme. Ein riesiges Bildungsangebot haben öffentliche Bibliotheken. Über deren Webseiten können kostenlos Zeitungen und Zeitschriften gelesen, Filme angeschaut oder Online-Sprachkurse absolviert werden.

4 SONSTIGES: Ob Fahrrad, öffentlicher Nahverkehr oder Car-Sharing – Alternativen zum eigenen Auto gibt es genug. Das ist zwar zugegebenermaßen bequemer, steht in der Regel aber 23 Stunden am Tag nur herum. Nutzer von Car-Sharing sparen sich die teuren Fixkosten eines eigenen Autos wie Steuern, Versicherungen und

KLEINVIEH MACHT KEINEN MIST!

Wer den Cent nicht ehrt …
hat am Ende einen Cent weniger.
Unser größter Hebel ist das Gehalt.

Jeden Tag 1 Cent von der Straße aufheben
→ **+3,65 € / JAHR**
(Plus: eine große Portion Glück)

10 T-Shirts á 6 Euro auf dem Flohmarkt verkaufen
→ **+60 € / JAHR**
(Abzüglich: Verkaufsgebühr und Aufwand)

Einen von zwei Streamingdiensten kündigen
→ **+CA. 120 € / JAHR**
(Für immer: weniger Auswahl)

Haushaltsbuch führen und beim Saft sparen
→ **+CA. 150 € / JAHR**
(Täglich: Aufwand und Pfennigfuchserei)

Minijob annehmen
→ **+MAX. 6240 € / JAHR**
(Jeden Abend: schuften für den Mindestlohn)

100 € mehr Nettogehalt im Monat aushandeln
→ **+1200 € / JAHR**
(Einmalig: auf Verhandlung vorbereiten)

Inspektionen. Wenn ein Auto im Haushalt einfach notwendig ist, dann muss vielleicht – Hand aufs Herz – das zweite Auto nicht sein. Auch bei Flügen, Hotelzimmern und Pauschalreisen lässt sich viel Geld sparen, etwa durch Preisvergleiche auf Buchungsportalen.

Gute Vorsätze sind das eine – deren Umsetzung etwas Anderes. Deshalb ist das Festlegen von Sparzielen nur der erste Schritt. Anhand unserer Ausgaben suchen wir uns am besten eine Handvoll Vorhaben heraus, die realistisch sind und eine spürbare Ersparnis bringen. Diese Vorhaben setzen wir in den nächsten zwei, drei Monaten konsequent in die Tat um und fragen uns dann, ob wir auch auf Dauer mit den neuen Gegebenheiten leben können.

Schritt 6: Monatsbudget ermitteln und künftige Sparrate festlegen

Haben wir Schritt 5 erfolgreich durchgezogen, machen wir erneut einen Kassensturz: Wir ziehen die durchschnittlichen monatlichen Fixkosten (Gesamtkosten für ein Jahr geteilt durch zwölf) von den monatlichen Einnahmen ab. So ergibt sich das Monatsbudget – also der Betrag, der uns zum Konsumieren zur Verfügung steht.

SCHWANKENDE EINNAHMEN. Wer mal mehr und mal weniger verdient, berechnet sein Monatsbudget auf Grundlage eines fiktiven Durchschnittseinkommens. Dazu addieren Sie die gesamten Einnahmen des vergangenen Kalenderjahrs oder der zurückliegenden Jahre und teilen diese durch die Anzahl der berücksichtigten Monate. Je größer der Zeitraum, desto genauer in der Regel der Wert. Ändern sich Ihre Einnahmen nennenswert, berechnen Sie Ihr Monatsbudget neu.

Damit niemand über seine Verhältnisse lebt, stellen wir sicher, dass das Monatsbudget reicht. Es wäre Unsinn, es in 30 oder 31 Tagesbeträge aufzuteilen – niemand gibt jeden Tag dieselbe Summe aus. Hilfreicher ist ein Wochenbudget: Monatsbudget geteilt durch

Anzahl der Tage mal sieben. Das ist vor allem für Menschen, die schnell den Überblick verlieren, eine gute Orientierung.

Dem Monatsbudget stellen Sie Ihre in Schritt 5 reduzierten variablen Ausgaben gegenüber. Die Einsparung sollte sich auf einem stabilen Level einpegeln. Prüfen Sie nach sechs Monaten, ob das der Fall ist und wie viel Sie künftig sicher einsparen können.

Sinnvoll ist es, zunächst nicht mehr als 50 bis 70 Prozent der Einsparung anzulegen, damit ein Puffer für unvorhergesehene Ausgaben bleibt. Verfahren Sie beim Anlegen nach einem der beiden Modelle zum Vermögensaufbau (ab S. 86) – und bilden Sie eine kurzfristig verfügbare Notreserve, sparen Sie für mittelfristige Konsumziele und anschließend für den langfristigen Vermögensaufbau.

Warum wir ein Vermögen aufbauen müssen

Geld im Sparschwein und unter der Matratze – diese Formen des Sparens haben ausgedient. Legen wir unser Geld nicht gewinnbringend an, verliert es immer mehr an Kaufkraft.

Der Albtraum jedes Sparers: Verluste machen. Doch genau das ist Millionen Menschen vor Kurzem passiert – obwohl weder ihr Konto gehackt wurde, noch ihre Bank pleite ging. Schuld war die Inflation (siehe S. 83). Inflation bedeutet: Unser Geld verliert an Kaufkraft. 100 Euro sind in zehn Jahren immer noch 100 Euro, aber weniger wert. Wir kennen das aus Erfahrung: Das Essen im Restaurant kostet auf einmal nicht mehr 12 oder 15, sondern 20 oder 22 Euro. Für 50 Euro ist der Einkaufswagen heute nur noch halb voll.

Inflation ist nicht dramatisch, solange sie im Rahmen bleibt. Als ideal gilt eine Teuerungsrate von rund 2 Prozent, da Firmen dann in Erwartung steigender Preise verstärkt investieren und Verbraucherinnen und Verbraucher konsumieren – vor allem, wenn auch Löhne und Gehälter steigen.

Der Sinn jeder Geldanlage ist das Vermehren des angelegten Geldes. Je nach persönlicher Risikoneigung und Anlagedauer sind für Sparer und Investoren unterschiedlich hohe Gewinne drin: Während der eine sich mit 0,5 Prozent Zinsen pro Jahr begnügt, aber sorgenfrei schläft, träumt der andere von 7 oder 8 Prozent und ist bereit, dafür Abstriche an der Sicherheit hinzunehmen.

Sparer und Anleger sollten allerdings die Inflationsrate im Blick behalten. Wer will, dass sich sein Geld auch wertmäßig – Experten nennen das real – vermehrt, muss zwangsläufig die Inflation schlagen. Das heißt: Er muss unterm Strich eine höhere Rendite einfahren. Das ist bei hoher Inflation alles andere als einfach, vor allem dann nicht, wenn man auf sichere Zinsanlagen setzt.

Das Problem: Viele Sparerinnen und Sparer kennen den Zusammenhang zwischen Inflationsrate und Zinsniveau nicht und erleben irgendwann ein böses Erwachen, wenn ihr Guthaben zwar gewachsen ist, sie sich aber dennoch weniger dafür kaufen können.

Ein solcher realer Geldverlust ist ein Schock, der umso größer ausfällt, je länger sie sich im Glauben gewiegt haben, auf dem richtigen Weg zu sein. Schon manche mühsam ersparte Altersvorsorge erwies sich bei näherem Hinsehen als herbes Verlustgeschäft – wenn nicht nur die Inflation zuschlägt, sondern hohe Kosten und Steuern den Gewinn zusätzlich schmälern.

Inflation in Zahlen – wie unser Geld schleichend an Wert verliert

Ein paar einfache Beispiele sollen illustrieren, was passieren kann, wenn man das Thema Inflation unterschätzt:

SCHLEICHENDE ENTWERTUNG: Angenommen, Sie haben aktuell 20 000 Euro auf der hohen Kante liegen. Die Kaufkraft Ihres Ersparten nimmt nun von Jahr zu Jahr ab. Selbst wenn wir lediglich die von der Europäischen Zentralbank angestrebten 2 Prozent jährliche Inflationsrate zugrunde legen, beträgt Ihr Verlust nach 15 Jahren 25 Prozent. Und weil uns konkrete Beträge stärker beeindrucken als Prozentwerte: Das sind 5 000 Euro – genau ein Viertel. Erweitern wir den Zeithorizont jedoch, wird es richtig gruselig: Über 30 Jahre würde der Verlust sogar 9 000 Euro (45 Prozent) betragen!

RAPIDE ENTWERTUNG: Noch gravierendere Folgen hätte eine dauerhaft hohe Inflationsrate. Auch wenn eine solche Entwicklung derzeit nicht wahrscheinlich ist, verdeutlicht folgendes Beispiel die katastrophalen Folgen: Würde sich der Durchschnittswert von 7,9 Prozent aus dem Krisenjahr 2022 in den nächsten Jahren fortsetzen, würden Ihre 20 000 Euro nicht mehr schleichend, sondern rasant entwertet. Nach nur 15 Jahren hätten sie nur noch eine Kaufkraft von 6 393 Euro – ein Wertverlust von 68 Prozent!

ALTERSVORSORGE-SCHOCK: Nehmen wir schließlich an, dass Sie jeden Monat 150 Euro für Ihre Altersvorsorge auf ein Sparkonto einzahlen. Bei einem jährlichen Zinssatz von 1,5 Prozent würden Sie zwar nach 30 Jahren statt der eingezahlten 54 000 insgesamt 68 119 Euro (Nominalwert) ausgezahlt bekommen – also 14 119 Euro mehr. Doch bei einer angenommenen Inflationsrate von 2 Prozent hätte dieser Betrag nur noch eine Kaufkraft von 37 606 Euro (Barwert) – also rund 17 000 Euro weniger als die eingezahlte Summe.

Wir sehen: Wer den inflationsbedingten Wertverlust seines Sparguthabens, seiner Altersvorsorge oder seines Notgroschens verhindern will, ist gezwungen, damit eine bestimmte Rendite zu erzielen. Diese muss mindestens so hoch sein wie die Inflationsrate im selben Zeitraum. Doch wie hoch genau? Eine definitive Antwort ist leider nur für Anlagezeiträume in der Vergangenheit möglich, da wir künftige Inflationsraten noch nicht kennen.

WARUM DIE INFLATION SCHWANKT: Seit Beginn des Ukraine-Krieges stiegen die Preise für viele Waren und Dienstleistungen spürbar an. Ein weiterer Grund für das Auf und Ab ist der Ölpreis. Benzin und Heizöl machen in Deutschland rund ein Fünftel des Warenkorbs aus, anhand dessen Verbraucherpreisindex und Inflationsrate ermittelt werden. Nennenswerten Einfluss haben unter anderem auch die Preise für Lebensmittel.

In Bezug auf die Zukunft sind wir auf Schätzungen angewiesen, wobei wir zum einen das von der EZB angestrebte 2-Prozent-Ziel, zum anderen einen Durchschnittswert aus der Vergangenheit zugrunde legen können. Dazu müssen wir eine Vorstellung davon haben, wie lange wir unser Geld anlegen wollen. Faustregel: Je länger, desto besser. Wer sein Geld nur für ein Jahr anlegt, riskiert einen Verlust, wenn die Inflation sehr hoch und/oder die erzielbare Rendite sehr niedrig ist. Besser sind längere Zeiträume, in denen Ausreißer – vor allem Ausschläge nach unten – nicht so stark ins Gewicht fallen.

Zur Orientierung: Der Durchschnittswert für die Inflationsrate – jeweils von 2022 an rückwärts gerechnet – lag für die vergangenen fünf Jahre bei 2,9 Prozent, für zehn Jahre bei 2,4 Prozent und für 20 Jahre bei 1,7 Prozent. Wer einzelne Jahreswerte seit 1992 sucht, findet diese auf der Internetsite des Statistischen Bundesamtes (destatis.de) unter dem Suchbegriff „Verbraucherpreisindex".

Den Durchschnittswert für unseren Anlagezeitraum vergleichen wir dann mit der Rendite unserer Geldanlage. Bei verzinslichen Geldanlagen bietet der effektive Jahreszins eine verlässliche Grundlage, da er, nach Abzug aller Kosten, die tatsächlich bei Sparern landende Rendite beziffert. Informationen zu den aktuell besten Angeboten für Tages- und Festgelder sowie Sparbriefe finden Anleger in unserer Datenbank auf test.de (teilweise kostenpflichtig).

ZINSERTRÄGE AUSRECHNEN: Zinsen für Geldanlagen werden meist pro Jahr, kurz: p. a. („per annum") angegeben. Das bedeutet: 1 000 Euro, angelegt für ein Jahr zu 2,5 Prozent effektiv, bringen einer Anlegerin 25 Euro Zinsen. Hätte sie die 1 000 Euro am 1. März 2023 angelegt und am 30. Juni 2023 wieder entnommen, bekäme sie die Zinsen nur anteilig. Laut Deutscher Zinsmethode (ein Jahr hat 360 Tage, jeder Monat 30 Tage) wären das 119 „Zinstage" und 8,26 Euro.

Bei Börseninvestments wie Aktien und Fonds (siehe ab S. 93) sind Renditeprognosen deutlich schwieriger. Webseiten von Banken und Fondsgesellschaften, aber auch die Angaben in unserer Datenbank auf test.de/fonds lassen den Blick in die Vergangenheit zu: Welche Rendite haben eine Aktie, eine Anleihe oder ein ETF in der Vergangenheit – etwa den letzten fünf oder zehn Jahren – pro Jahr erzielt?

Historische Verläufe sagen jedoch nichts über zukünftige Kurse aus. Finanztest empfiehlt daher, statt Einzelaktien einfach den ganzen Korb zu kaufen: am besten einen Welt-ETF der weit über 1500 Unternehmen in sich vereint. Es gibt verschiedene ETF auf den MSCI World Index. Interessierte Anlegerinnen und Anleger finden online unter test.de/fonds Angaben zu über 23 000 Fonds, davon 13 000 mit Angabe der Risikoklasse und 8000 mit Bewertung des Anlageerfolgs. Auch die Nachhaltigkeit wird in fünf Stufen angegeben. Mit einem 1.-Wahl-ETF sind Sie hier gut gerüstet.

Vermögensaufbau, Variante Nr. 1: Die vier Terrassen

Ein Vermögen aufbauen – das ist kein Sprint, sondern ein Langstreckenlauf. Wir sprechen hier von Jahren oder sogar Jahrzehnten. In dieser Zeit kann eine Menge passieren. Unser Leben ändert sich und damit unsere finanzielle Situation. Das gilt nicht nur für die Einnahmen, sondern auch für die Ausgaben. Neben den laufenden Kosten wollen größere Anschaffungen und unerwartete Ausgaben bedient sein. Schließlich gilt es, auch die Altersvorsorge im Blick zu haben.

Um für Eventualitäten gewappnet zu sein, ist es ratsam, Struktur in die eigene Finanzplanung zu bringen und Geld bewusst für verschiedene Zwecke zu sparen beziehungsweise zu investieren – gestaffelt nach Zeiträumen, in denen es zur Verfügung stehen soll.

Das ist mit verschiedenen Modellen möglich. Eins davon ist das der vier Terrassen des Vermögensaufbaus. Diese kann man sich wie einen Brunnen mit vier übereinander angeordneten Wasserbecken vorstellen: Erst wenn das oberste Becken voll ist, fließt das Wasser – in unserem Fall das Geld – ins nächste Becken und so weiter. Umgekehrt können niemals das zweite oder die nachfolgenden Becken gefüllt sein, solange das erste leer ist. Es versteht sich von selbst, dass als Guthaben nur Geld zählt, das wir tatsächlich besitzen – nicht aber Dispo-, Abruf- oder sonstige Kredite.

Hier ein Überblick über die vier Terrassen:

Wiederkehrende Zahlungen: Die erste Terrasse besteht aus einem oder mehreren Girokonten. Über diese(s) werden sämtliche wiederkehrenden Einnahmen und Ausgaben abgewickelt – von Gehalt, Nebeneinkommen und Kindergeld bis zu Miete, Energieabschlag und sonstigen Fixkosten. Als Guthabenpuffer auf dem meist unverzinsten Girokonto empfiehlt sich ein Monatsnettogehalt.

2 **Reserve:** Dieses Guthaben – am besten auf einem verzinsten Tagesgeldkonto geparkt – dient zum einen dazu, planbare Ausgaben wie den nächsten Urlaub zu finanzieren. Zum anderen sollten sich damit auch nicht planbare Ausgaben wie die Autoreparatur oder ein neuer Fernseher bestreiten lassen. Faustregel für die Höhe: zwei bis drei Monatsnettoeinkommen.

3 **Konsumsparen/mittelfristige Anlagen:** Terrasse drei dient der Finanzierung größerer Vorhaben in der Zukunft, etwa Renovierung oder Autokauf. Am sichersten für die stabile Rendite sind hier (länger laufende) Festgeldangebote. Sparpläne mit Geldmarkt- und Rentenfonds erwirtschaften zwar eventuell mehr Rendite, schwanken jedoch im Kurs und könnten auch sinken. Die Sparsumme hängt von Ihren Zielen und finanziellen Möglichkeiten ab.

4 **Vermögensaufbau/langfristige Anlagen:** Mithilfe der vierten und untersten Terrasse bauen wir langfristig ein Vermögen oder unsere private Altersvorsorge auf. Auch das Ansparen von Eigenkapital für den Kauf einer Immobilie zählt dazu. Entsprechend lang sollten Sie den Anlagezeitraum bemessen. Wer früh anfängt, kann schon mit kleinen Beträgen eine Menge erreichen. Bewährt hat sich etwa ein Mix aus Welt-ETF mit Festgeld oder sicheren Anleihen. Die Details dazu lesen Sie auf S. 98, „Pantoffel-Portfolio".

Vermögensaufbau, Variante Nr. 2: Das Mehrkontenmodell

Funktioniert für Sie das Terrassenmodell nicht, weil das vierte Becken immer trocken bleibt? Sie sind nicht allein: Haben wir Geld auf dem Konto, tendieren wir nun mal dazu, es auszugeben. Soll jedoch etwas im vierten Becken ankommen, müssen wir weniger konsumieren, die Kosten reduzieren, den Gürtel enger schnallen. Vielleicht ein lästiges Haushaltsbuch führen über jeden ausgegebenen Euro. Das ist zu viel verlangt? In Ordnung. Für alle, die mit dem Konzept des Terrassensparens nicht zurecht kommen und nicht bei jeder Aus-

VERMÖGEN AUFBAUEN IN ZWEI VARIANTEN

Becken für Becken füllen oder
alle Ausgaben auf einen Schlag splitten:
Wichtig ist vor allem, dass Sie das Geld aufteilen.

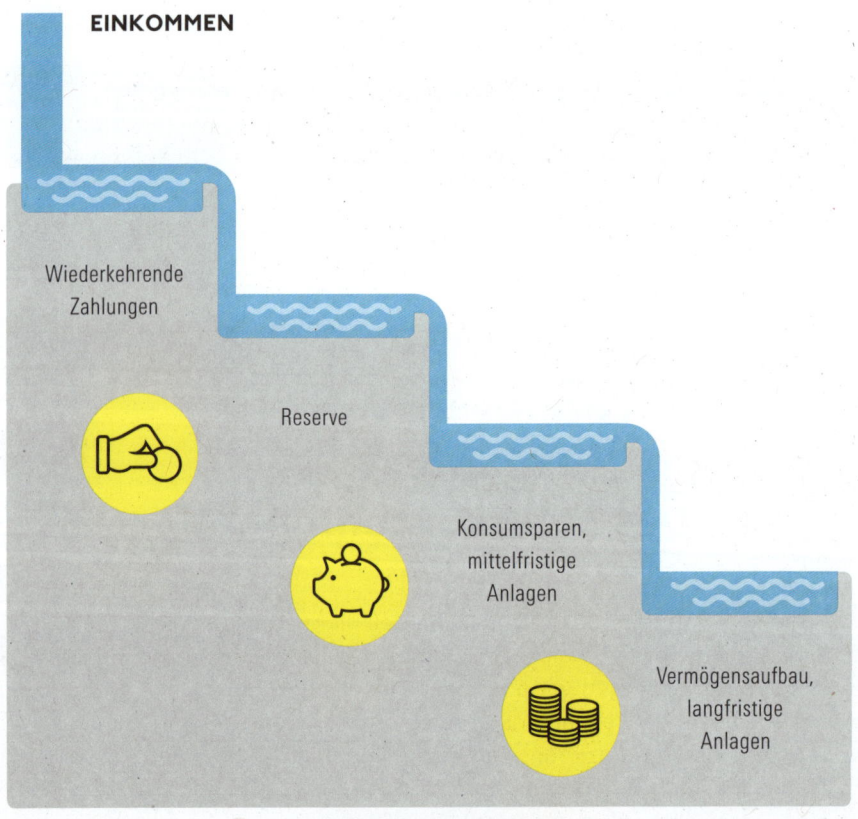

EINKOMMEN

Wiederkehrende
Zahlungen

Reserve

Konsumsparen,
mittelfristige
Anlagen

Vermögensaufbau,
langfristige
Anlagen

DIE VIER TERRASSEN

Bei der Auswahl gibt es kein Richtig oder Falsch.
Jede und jeder sollte die Variante wählen, mit dem sie oder er am besten zurecht kommt.
Auch äußere Umstände spielen in die Auswahl hinein. Wer etwa selbstständig
oder stark saisonabhängig arbeitet, verdient mal mehr, mal weniger.

EINKOMMEN

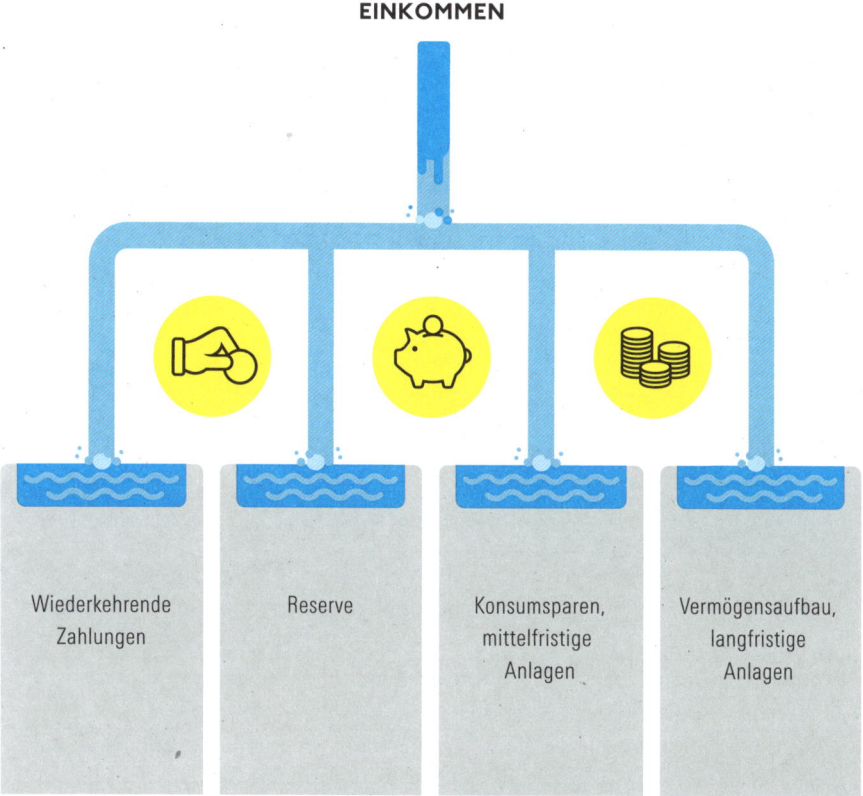

| Wiederkehrende Zahlungen | Reserve | Konsumsparen, mittelfristige Anlagen | Vermögensaufbau, langfristige Anlagen |

DAS MEHRKONTENMODELL

gabe ein schlechtes Gewissen haben wollen, gibt es eine alternative Vorgehensweise: „Aus den Augen, aus dem Sinn".

Und so funktioniert sie: Am Monatsanfang (oder -ende, unmittelbar nach Eingang des Gehalts), teilen wir dieses in zuvor festgelegte Teile auf und schieben sie auf jeweils eigene Konten. Der Teil für die Fixkosten bleibt auf dem Gehaltskonto, die anderen wandern auf Unterkonten oder per Dauerauftrag auf das Tages- oder Festgeldkonto sowie das Verrechnungskonto des Depots für den ETF-Sparplan.

EIN EINKOMMEN – MEHRERE KONTEN: Manche Banken ermöglichen Ihren Kunden direkt, sich ein oder mehrere Unterkonten zu ihrem Girokonto anzulegen. Bietet Ihre Bank diesen Service nicht, verwenden Sie am besten ein weiteres Girokonto, ihr Tagesgeldkonto oder das Verrechnungskonto Ihres Wertpapierdepots.

Angenommen, Sie verdienen monatlich 2000 Euro netto und brauchen davon 1200 Euro für Fixkosten. Denkbar wäre es, 200 Euro als Reserve und 400 Euro für Konsum auf Unterkonten und die restlichen 200 auf ein Sparkonto oder ins Wertpapierdepot zu schieben.

Auch wenn so nur die Hälfte für Konsum bleibt: Wir nehmen uns ja nichts weg, sondern bezahlen uns – vor allen anderen! Wichtig ist, dass die Fixkosten gedeckt sind und wir gezielt sparen. Dafür darf das Konsumkonto am Monatsende dann auch leer sein.

Exkurs: Vermögensaufbau durch extremen Verzicht – lohnt sich das?

Geld zum Sparen abzweigen und mit weniger klarkommen – dieses Konzept lässt sich auch ins Extrem treiben. „Financial Independence, Retire Early" (kurz FIRE, zu deutsch: „finanzielle Unabhängigkeit, früher Ruhestand") heißt eine Bewegung aus den USA, nach deren Grundsätzen auch hierzulande immer mehr Menschen leben wollen.

Das Ziel der in Deutschland Frugalisten (lat. frugal = sparsam) genannten Extremsparer ist es, mit 40 oder 50 Jahren nicht mehr auf ein festes Arbeitseinkommen angewiesen zu sein, sondern alle Kosten aus Kapitalerträgen decken zu können. Anders als Minimalisten, die sich auf das Abwerfen von Ballast fokussieren, haben Frugalisten den schnellen Vermögensaufbau und eine frühe Rente im Visier.

Auf dem Weg dorthin reduzieren Sie ihre Ausgaben radikal, indem sie Konsumverzicht üben. Sie investieren jeden verfügbaren US-Dollar beziehungsweise Euro. Im Gegenzug winkt die Aussicht, künftig arbeiten zu können – aber nicht mehr zu müssen.

Das ist natürlich nicht jedermanns Sache. Stellen Sie sich vor, Sie könnten sich jahrelang weder teure Hobbys noch ausgedehnte Reisen erlauben und würden statt des Menüs bei Ihrem Lieblingsitaliener zu Hause abwechselnd Tiefkühl-Pizza und Nudeln mit Tomatensauce essen – all das nur, um mit 40 ausgesorgt zu haben.

Wenn man es ganz genau nimmt, hätten Sie nicht einmal ausgesorgt: Nicht nur, dass Sie von Ihrem Guthaben aus der Sparphase keine größeren Beträge entnehmen dürften, damit es weiterhin wächst. Auch nach Beginn der Entnahmephase wären Sie gezwungen, Ihr verbleibendes Guthaben auf Dauer so anzulegen, dass es eine möglichst hohe Rendite abwirft und möglichst lange reicht.

Klar, dass viele Menschen da skeptisch sind – und das ist auch gut so. Wollten alle Frugalisten sein und im besten Alter dem Arbeitsmarkt den Rücken kehren, würde unser Wirtschaftssystem schlicht zusammenbrechen. Doch ein paar Dinge können wir uns dennoch abschauen. Wie die Extremsparer wollen auch wir unnötige Ausgaben nach Möglichkeit vermeiden, die eigenen Finanzen im Griff behalten und unser Geld sinnvoll investieren.

Um die ersten beiden Punkte haben wir uns in diesem Kapitel gekümmert. Im Folgenden soll es uns darum gehen, das eingesparte und/oder zusätzlich erwirtschaftete Geld gezielt zu vermehren. Dazu führen wir uns zunächst wieder einige Grundbegriffe der Geldanlage vor Augen und legen anschließend die für unsere Zwecke geeignete Anlagedauer sowie unser persönliches Risikoprofil fest.

DER CLOU DABEI IST EIN PANTOFFEL: Wir können in Sachen Geldanlage auf eine bereits seit Jahren existierende und sehr erfolgreiche Strategie setzen. Ihr Vorteil: Sie lässt sich optimal an unsere speziellen Bedürfnisse anpassen. Die Rede ist vom Pantoffel-Portfolio – entwickelt von Finanztest-Profis und zehntausendfach in der Praxis erprobt. Vorab so viel: Auch der virtuelle Pantoffel ist – wie sein filziger Namensgeber – bequem und flexibel.

MACHEN WIR MEHR AUS UNSEREM GELD!

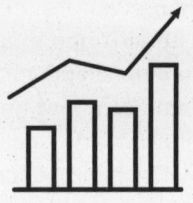

Wir wollen Erfolge sehen! Aber soll sich unser Erspartes vermehren, braucht es Zeit, ein tragfähiges Konzept und den richtigen Mix aus sicheren und rendite-starken Anlagen. Dafür gibt es eine erprobte und flexible Komplettlösung.

Sicherheit und Rendite: Bausteine fürs Vermögen

Die Mischung macht's: Soll unterm Strich ein dickes Plus stehen, führt kein Weg am Aktienmarkt vorbei. Für Balance sorgen Zins-anlagen. Bei Sachwerten ist Vorsicht geboten.

Schaut man sich näher an, wie wir Deutschen unser Geld anlegen, drängt sich der Eindruck auf, dass uns vor allem ein Gefühl umtreibt: allergrößte Sorge. Bereits unsere Großeltern und Eltern hatten einen ausgeprägten Horror davor, Geld zu verlieren – und viele von uns ticken genauso. Logische Folge: Im internationalen Vergleich setzen wir überdurchschnittlich stark auf den Faktor Sicherheit.

Gründe dafür liegen zum einen in der sprichwörtlichen German Angst. Darunter versteht man im Rest dieser Welt unsere Neigung, Allem und Jedem gegenüber Bedenken zu hegen, Veränderungen skeptisch zu sehen, uns gegen jedwede Risiken versichern zu wollen und pessimistisch in die Zukunft zu blicken.

In Sachen Geld haben sich obendrein mehrere historische Ereignisse ins kollektive Gedächtnis eingegraben. Dazu zählen die Hyperinflation von 1923, das Desaster rund um die Telekom-Aktie Ende der 90er Jahre sowie der Zusammenbruch des Neuen Marktes zu Beginn dieses Jahrtausends. Die Erinnerungen daran wurden von Generation zu Generation weitergegeben – samt der „Lehren".

Einer dieser gedanklichen Kurzschlüsse lautet: „Hände weg von der Börse! Wer dort investiert, verliert sein Geld." Offenbar gehen Millionen Menschen davon aus, dass ein zwischenzeitlicher – und völlig normaler – Rückgang der Börsenkurse unmittelbar und unwiderruflich Geld vernichtet. Ihr sauer erspartes Geld. Wie wir in diesem Kapitel sehen werden, ist diese Annahme schlicht falsch.

Finanzkrise, Wirecard-Skandal, Corona-Schock und Ukraine-Krieg haben unsere Aversion gegen die Börse verstärkt. Noch weniger als sonst wollen wir unser Geld Risiken aussetzen. Im Gegenteil: Wir halten es zusammen, legen Reserven an und schieben Konsumwünsche auf. Dieses Streben nach Kontrolle in Krisenzeiten ist verständlich – für die Vermögensbildung bringt es herzlich wenig.

MEHR RISIKO FÜR MEHR RENDITE: Acht von zehn Deutschen würden für die Chance auf mehr Rendite kein höheres Anlagerisiko eingehen. In einer Befragung des Bankenverbandes im Dezember 2022 sagten 31 Prozent, dass sie sich das „eher nicht" und 50 Prozent, dass sie sich das „gar nicht" vorstellen könnten. Die Risikoaversion war umso höher, je älter die Befragten waren. Lag der Anteil bei den 18– bis 29-Jährigen bei 62 Prozent, betrug er bei den über 60-Jährigen 91 Prozent.

Wer ausschließlich auf Sicherheit setzt und sein Geld nur in Anlagen steckt, bei denen der kleinste Verlust ausgeschlossen ist, der wird es in Sachen Rendite nicht weit bringen. Das galt nicht nur im gerade erst hinter uns liegenden Zinstief – das gilt auch in Zeiten moderater Sparzinsen, vor allem dann, wenn deren Niveau unter der Inflationsrate liegt. In solchen Zeiten führt kein Weg an der Börse vorbei.

Goldene Anlegerregel:
Sowohl-als-auch
statt Entweder-oder

Sicherheit oder Risiko? Wer beim Thema Geldanlage so fragt – und suggeriert, dass es nur eine Antwort geben kann –, der packt das Thema in einen viel zu engen Rahmen. Entweder – oder, hop oder top, schwarz oder weiß. Diese Art zu denken ist zwar bequem, aber ausgesprochen schlicht. Sie verhindert, dass wir uns ernsthaft mit der Materie beschäftigen und unseren eigenen Weg finden.

Der springende Punkt: Es gibt keinen Grund, sich zwischen Sicherheit und Risiko zu entscheiden. Anleger können nicht nur beides haben – sie sollten es sogar. Problematisch, weil negativ besetzt, ist der Begriff Risiko. In ihm klingen Misserfolg, Leichtsinn und Verantwortungslosigkeit mit. Keine Frage: Es gibt riskante Geldanlagen, von denen wir auf jeden Fall die Finger lassen sollten. Von diesen ist in diesem Buch jedoch nicht die Rede. Ein Fonds ist nicht schon allein deshalb riskant, weil sein Kurswert auch sinken kann.

Sicherheitsapostel mag es überraschen, doch die meisten der laut Deutschem Aktieninstitut 12,9 Millionen Deutschen, die 2022

Geld an der Börse investiert hatten, sind nicht darauf aus, Risiken einzugehen. Sie sind weder Zocker noch Spekulanten – sondern in aller Regel lediglich besser informiert: Sie haben verstanden, dass Geldanlage etwas mit dem Nutzen von Renditechancen zu tun hat – und die bereit sind, zwischenzeitliche Dellen auszuhalten.

Als Anleger mit positivem Money Mindset gehen wir nicht vom negativen Fall aus („Das Anlagerisiko führt garantiert zu einem Verlust"), sondern vom positiven („Angesichts der Renditechancen ist ein Gewinn sehr wahrscheinlich"). Für uns ist das Glas halb voll.

Das ist ein fundamentaler Unterschied im Denken, der gar nicht ausklammern soll, dass es tatsächlich Unwägbarkeiten gibt. Nur sollten wir uns nicht davon abhalten lassen, sondern versuchen, diese so weit wie möglich zu minimieren. Das ist ohne Weiteres machbar – im weiteren Verlauf werden wir noch sehen, wie das geht.

Obwohl die Zinsen für Tages- und Festgelder langsam wieder steigen, ebenso jene für Sparbriefe und Bundeswertpapiere, befinden sie sich noch lange nicht wieder auf dem Niveau früherer Tage.

Es ist also geradezu ein Glück, dass wir neben absolut sicheren, aber momentan relativ renditeschwachen Zinsanlagen auch solche zur Verfügung haben, die deutlich höhere Gewinne bei moderatem Risiko versprechen. Das erlaubt es uns, ein auf unsere Bedürfnisse zugeschnittenes Portfolio zusammenzustellen – mit genau dem Maß an Sicherheit, das wir nach reiflichem Überlegen und etwas Beschäftigung mit der Materie als das für uns Optimale empfinden.

Das verflixte magische Dreieck der Geldanlage

Sicherheit, Rendite, Verfügbarkeit – mit diesen drei Faktoren und der groben Einteilung in „hoch", „mittel" und „niedrig" lässt sich jede Geldanlage hinreichend beschreiben. Hohe Sicherheit und Rendite können Hand in Hand gehen. Doch wie sieht es dann mit der Verfügbarkeit aus? Antwort: nicht so rosig. Übersetzt heißt das: Wer keinerlei Verlustrisiko eingehen möchte und gleichzeitig einen möglichst hohen Gewinn erzielen will, der kommt nicht umhin, eine Zeit lang auf sein Geld zu verzichten und es der Bank zu leihen.

Bei der Veranschaulichung dieser Zusammenhänge kommt traditionell ein Modell zum Einsatz, das weithin als das magische Dreieck bekannt ist. Magisch ist daran allerdings wenig – es ist eher verflixt. Wir als Anleger können stets nur zwei der drei Faktoren maximieren. Das ideale Finanzprodukt – höchste Sicherheit, maximale Rendite und ständige Verfügbarkeit – gibt es leider nicht.

Nehmen wir die Ecken des Dreiecks genauer unter die Lupe:

1 **RENDITE:** Je höher die Rendite einer Geldanlage, desto mehr Ertrag bringt (oder verspricht) sie. Das heißt, zusätzlich zum ursprünglich angelegten Betrag gibt es etwas obendrauf.

2 **SICHERHEIT:** Anlagen sind sicher, wenn das Risiko, Verluste zu erleiden, sehr gering oder sogar ausgeschlossen ist. So sind Einlagen auf Konten deutscher Banken im Fall einer Pleite durch verschiedene Sicherungssysteme stark geschützt. Was könnte bei weniger sicheren Anlagen schief gehen? Ihr Wert – zum Beispiel der Kurswert einer Aktie oder eines ETF – kann sinken, theoretisch bis auf Null. Die zweite Möglichkeit: Der Anbieter der Anleihe, etwa ein Staat oder ein Unternehmen, geht pleite und kann Anlegern ihr Geld nicht zurückzahlen.

3 **VERFÜGBARKEIT:** Können Anlegerinnen und Anleger jederzeit oder sehr schnell auf ihr Geld zugreifen, es aus einer Geldanlage abziehen und anderweitig verwenden, ist es hochgradig verfügbar. So können wir zu jedem beliebigen Zeitpunkt Geld von unserem Girokonto abheben. Auch Fondsanteile und Aktien lassen sich sofort in Geld verwandeln, wenn auch unter Umständen – je nach Kurswert – mit Verlust. Dagegen liegen Festgeld und Sparbriefe über einen vereinbarten Zeitraum – meist Monate oder Jahre – genau: fest.

Um eine für uns passende Geldanlage zu finden, müssen wir entscheiden, wie wichtig uns jede der drei Ecken ist. Wie wir gesehen haben, können wir immer nur zwei davon in den Vordergrund rücken. Daraus ergeben sich folgende Kombinationsmöglichkeiten:

SICHERHEIT UND VERFÜGBARKEIT: Anlageformen, die gleichzeitig sicher sind und Anlegern eine hohe Verfügbarkeit bieten, sind zum Beispiel Tages- und kurzfristige Festgeldkonten. Sie bieten allerdings nur begrenzte Renditechancen – in der Regel umso mehr, je länger Anleger auf ihr Geld verzichten können.

Machen wir mehr aus unserem Geld!

DAS VERFLIXTE MAGISCHE DREIECK

Mehr als zwei von drei sind bei der Geldanlage nicht drin. Prüfen Sie, auf welche Faktoren Sie setzen wollen.

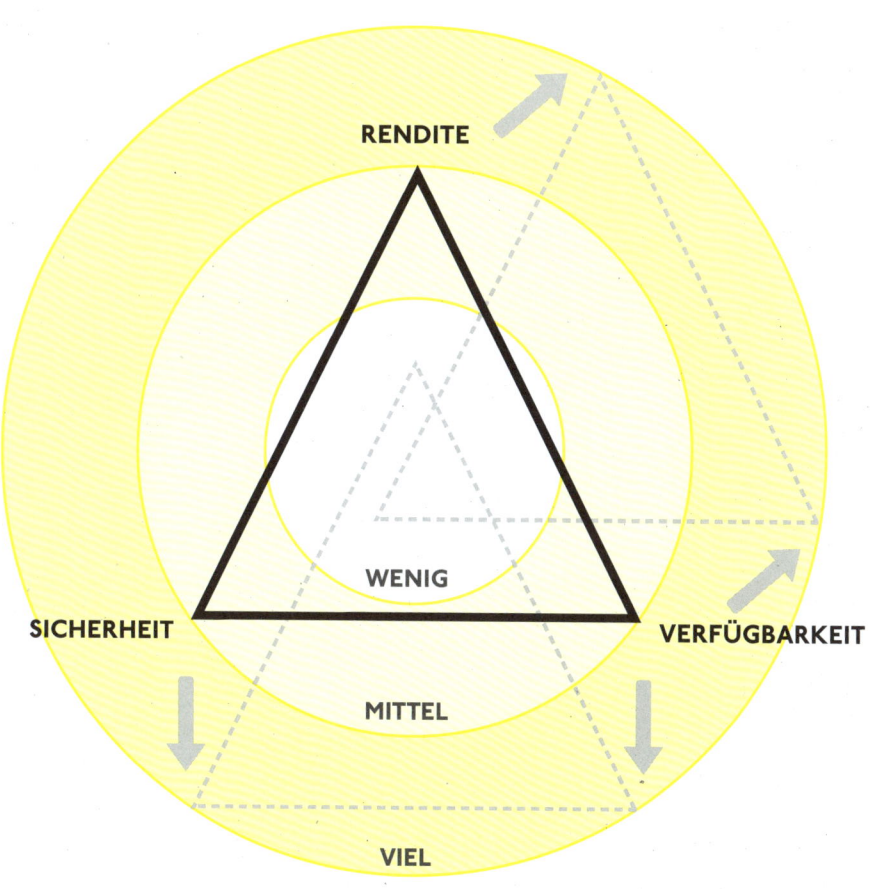

Das Dreieck lässt sich frei verschieben. Maximal zwei der drei Werte können zu „viel" geschoben werden – der dritte Wert wird dadurch automatisch zu „wenig" wandern. Viel Sicherheit und viel Verfügbarkeit gehen also mit wenig Rendite einher. Viel Rendite und viel Verfügbarkeit gehen auf Kosten der Sicherheit – usw.

SICHERHEIT UND RENDITE: Vergleichsweise hohe Rendite bei gleichzeitig hoher Sicherheit bietet etwa Festgeld. Dieser Vorteil wird mit eingeschränkter Verfügbarkeit erkauft: Je nach Laufzeit ist der Betrag zum Beispiel ein Jahr lang nicht verfügbar. Auch Immobilien – ein Haus, eine Wohnung oder ein Grundstück – können sicher und profitabel sein, bei ebenfalls eingeschränkter Liquidität.

RENDITE UND VERFÜGBARKEIT: Wer stets an sein Geld herankommen will und dabei auf hohe Erträge setzt, kommt um die Finanzmärkte nicht herum. Anlageformen wie Aktien, Anleihen und ETF bieten die Möglichkeit, vergleichsweise hohe Renditen zu erzielen. Angesichts der eingeschränkten Sicherheit und möglicher Kursschwankungen ist es allerdings ratsamer, sein Geld hierin nicht nur kurzfristig zu investieren, sondern möglichst lange für sich arbeiten zu lassen – das heißt: über mindestens zehn Jahre.

Bewährte Paketlösung: das Pantoffel-Portfolio

Besser auf der hohen Kante? Oder doch lieber unter der Matratze? Alles Quatsch! Am besten aufhoben ist Geld im Pantoffel. Genauer gesagt: im Pantoffel-Portfolio.

Bequem sollte es sein und dennoch profitabel: Als die Expertinnen und Experten von Finanztest vor Jahren das Pantoffel-Portfolio entwickelten, hatten sie ein Anlagekonzept im Sinn, das auch für Laien geeignet sein und ein ganzes Leben lang funktionieren sollte.

Und das tut es: Einmal gebaut, benötigt das Pantoffel-Portfolio nur noch geringe Anpassungen. Das Beste: Einen Pantoffel bauen kann jeder! Was wir lediglich brauchen, ist ein Wertpapierdepot sowie unter Umständen ein Tagesgeldkonto.

Klingt zu schön, um wahr zu sein? Ist es aber nicht! Hier als Beleg die Vorteile eines Pantoffel-Portfolios im Überblick:

1 SIMPLER AUFBAU: Ein Pantoffel-Portfolio besteht aus zwei Bausteinen – einem für die Rendite und einem für die Sicherheit. Als Renditebaustein empfehlen die Finanztest-Experten einen ETF (Exchange Traded Funds) – also einen börsengehandelten Fonds, der nicht aktiv gemanagt wird, sondern passiv einen bestimmten Börsenindex nachbildet – zum Beispiel der Aktienindex MSCI World. Er umfasst rund 1500 Aktien aus 23 Ländern. Welchen ETF auf den MSCI World Sie kaufen, macht nur wenig Unterschied. Als Sicherheitsbaustein kommen ein Tagesgeldkonto, eine Kombination aus Tages- und Festgeld oder Anteile an einem ETF infrage, der entweder auf sichere Euro-Staatsanleihen oder eine Mischung aus Staats- und Unternehmensanleihen setzt.

2 JUSTIERBARES RISIKO: Defensiv, ausgewogen, offensiv – je nach persönlicher Risikobereitschaft lassen sich die beiden Bausteine unterschiedlich gewichten. In einem defensiv ausgerichteten Portfolio hat der Renditebaustein einen Anteil von 25 Prozent, der Sicherheitsbaustein macht 75 Prozent aus. Im ausgewogenen Portfolio beträgt das Verhältnis 50 zu 50 und im offensiven 75 zu 25.

3 GERINGER PFLEGEAUFWAND: Je nach Kursentwicklung an den Börsen steigt oder fällt der Anteil des Renditebausteins innerhalb des Portfolios. Deshalb ist es sinnvoll, das ursprüngliche Verhältnis von Zeit zu Zeit wieder herzustellen, durch den Kauf oder den Verkauf von Fondsanteilen. Es reicht in aller Regel jedoch, dies einmal pro Jahr zu tun – danach haben Sie wieder Ruhe.

4 KAUM KOSTEN: Wer ein Pantoffel-Portfolio will, benötigt dafür ein Wertpapierdepot und eventuell ein Tagesgeldkonto. Je nach Bank kostet das Depot eine sehr überschaubare Gebühr oder ist sogar kostenlos. Kauf und Verkauf von ETF-Anteilen kosten ebenfalls, doch auch hier sind die Preise moderat. Aktuelle Vergleiche und Infos finden Sie in unserem Depotvergleich auf test.de. Online-Tagesgeldkonten sind fast immer kostenlos.

5 FLEXIBEL BIS INS ALTER: Anders als sein filziges Vorbild hält dieser Pantoffel wirklich ein Leben lang: Ist der Ruhestand erreicht, drehen wir das Konzept um und gönnen uns aus dem Pantoffel eine monatliche Zusatzrente. Die Höhe der Auszahlung lässt sich jederzeit anpassen. Das verbleibende Geld erwirtschaftet weiterhin Gewinne. Im Todesfall erben die Hinterbliebenen das Restguthaben.

Bewährte Paketlösung: das Pantoffel-Portfolio

Los geht's: Wie Sie Ihr Pantoffel-Portfolio sinnvoll einrichten

Genug der Theorie, jetzt geht's ans Eingemachte. Machen wir es uns und unserem Geld gemütlich – und bauen in wenigen Schritten unser Pantoffel-Portfolio. Zunächst die wichtigsten Punkte im Überblick. In den folgenden Abschnitten finden Sie weitere Details:

1 SICHERHEITSBAUSTEIN: Schauen Sie mal bei der Bank vorbei, bei der Sie Ihr Girokonto haben. Vielleicht bietet sie auch gute Konditionen für Tages- oder Festgeld an? Dann geht das Eröffnen eines Sparkontos schnell. Falls nicht: Eine stets aktuelle Übersicht zu Anbietern und Konditionen gibt's auf test.de/tagesgeld und test.de/festgeld. Anmeldung und Einrichtung sind meist online möglich und schnell erledigt. Wer als Sicherheitsbaustein Euro-Rentenfonds bevorzugt, braucht ein Depot – siehe Punkt 2.

2 RENDITEBAUSTEIN: Dafür benötigen wir ein Wertpapierdepot. Dieses führt klassischerweise Ihre Bank oder Sparkasse – hier werden jedoch Gebühren fällig. Deutlich günstiger sind Online-Depots bei Direktbanken und Onlinebrokern. Bei Neobrokern (test.de/neobroker) zahlt man für Depotführung und Transaktionen mitunter gar nichts. Unter test.de/depot finden Sie einen laufend aktualisierten Depotvergleich. Einmal entschieden, läuft die Anmeldung ähnlich wie beim Girokonto. Besitzen Sie mehrere Depots und wollen diese zusammenführen? Kein Problem. Stellen Sie bei Ihrer Bank einen Antrag auf Depotübertrag. Die kümmert sich dann kostenlos um alles. Laufen alle Depots auf Ihren Namen, gilt das nicht als Verkauf und Neukauf. Es fällt also keine Kapitalertragsteuer an.

3 CHANCE-/RISIKOPROFIL: Hier gibt es kein Richtig oder Falsch. Setzen Sie nicht nur aus Gewohnheit auf Sicherheit. Gewichten Sie den Renditebaustein so, dass Sie sich damit wohlfühlen. Im Zweifel wählen Sie die 50:50-Variante des Pantoffels.

4 SPARPLAN: Die meisten von uns haben keine größere Summe herumliegen, die nur darauf wartet, investiert zu werden. Daher heißt es: monatlich einzahlen aus dem dafür vorgesehenen Topf (sie-

DER PASSENDE PANTOFFEL FÜR JEDEN ANLEGERTYP

Das Portfolio von Finanztest besteht aus
dem Sicherheits- und dem Renditebaustein.
Sie sind in drei Varianten miteinander kombinierbar.

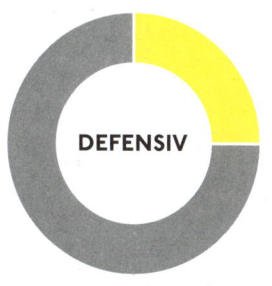

25 % Aktien-ETF Welt
75 % Zinsanlagen

50 % Aktien-ETF Welt
50 % Zinsanlagen

75 % Aktien-ETF Welt
25 % Zinsanlagen

WELCHER TYP PASST ZU MIR?

Sie überlegen noch, welche Zusammensetzung für Sie die richtige ist? Stellen Sie sich
einen Börsencrash von minus 50 Prozent vor – etwa das Maximum der letzten 30 Jahre. Für
einen offensiven Pantoffel mit 10 000 Euro Ausgangskapital – davon 7500 in einem Aktien-
ETF – würde ein solcher Crash einen zwischenzeitlichen Buchverlust von 3750 Euro bedeu-
ten. Die ausgewogene Variante fiele auf dem Papier um 2500 Euro, die defensive um
1250 Euro. Die Frage lautet also: Was halten Ihre Nerven aus?

he die beiden Modelle, Seite 90/91). Die gute Nachricht: Schon mit 25 oder 50 Euro im Monat lässt sich ein Sparplan starten – je mehr, desto besser. So erhöht sich mit jedem Monat die Anzahl der Fondsanteile und bei steigenden Kursen auch deren Wert. Kleiner Trost für schlechte Zeiten: Gibt der Kurs mal nach, bekommen Sie für das selbe Geld mehr Anteile, die dann wieder im Wert steigen können.

Auch der Sicherheitsbaustein will regelmäßig bespart werden. Wer beispielsweise 100 Euro im Monat anlegen will und sich für den ausgewogenen Pantoffel (siehe Grafik Seite 101) entscheidet, überweist die Hälfte der Sparrate per Dauerauftrag auf sein Tagesgeldkonto oder kauft davon Anteile an Euro-Rentenfonds.

Der Sicherheitsbaustein: Auf der Suche nach dem besten Zinssatz

Mit Zinsanlagen lässt sich im Lauf der Jahre ohne Risiko ein hübsches Sümmchen anhäufen. Besonders sagenumwoben in diesem Zusammenhang: der Zinseszinseffekt. Er greift dann, wenn fällige Zinsen nicht ausgeschüttet, sondern zusammen mit dem Sparbetrag erneut angelegt werden und auf diese Weise selbst Zinsen bringen. Der Beiname „achtes Weltwunder" – zugeschrieben wird der Ausspruch Albert Einstein – spricht für sich.

Die Ertragsaussichten klaren derzeit wieder etwas auf: Seit Sommer 2022 steigen die Zinsen wieder und haben sogar in etwa das Niveau der zweiten Hälfte der 1990er-Jahre erreicht. Wie damals bekommen Sie auch heute für ein 12-Monats-Festgeld bei den besten Anbietern über 4 Prozent.

Zinsanlagen sind unerlässlich für jedes Portfolio, denn sie bilden eine sichere Basis und federn – je nach prozentualem Anteil – die Schwankungen des Renditebausteins ab. Zur Veranschaulichung folgendes Beispiel: Angenommen, der Renditebaustein in einem je zur Hälfte mit Tagesgeld und ETF-Anteilen bestückten Pantoffel verliert im Lauf eines Jahres 6 Prozent an Wert. Gleichzeitig legt der Sicherheitsbaustein um 2,5 Prozent zu. In diesem Fall läge das Portfolio mit nur 3,5 Prozent im Minus. Wäre der Renditebaustein größer, wäre auch der Verlust größer und umgekehrt.

Rendite, Laufzeit, Kosten – das sind die wichtigsten Kriterien für Zinsanlagen

Entscheiden Sie sich zunächst, welche Summe Sie für welchen Zeitraum anlegen wollen. Soll das Geld täglich verfügbar sein, ist ein Tagesgeldkonto die beste Wahl.

TAGESGELD: Beim Tagesgeld legen Sie einen Betrag für unbestimmte Zeit zu einem variablen Zinssatz an. Größter Vorteil ist die ständige Verfügbarkeit. Ein Konto bieten Online-Banken meist kostenlos an. Aktuelle Anbieter im Vergleich, siehe test.de/tagesgeld.

Können Sie mehrere Monate oder Jahre auf Ihr Geld verzichten, wählen Sie Festgeld oder Sparbrief. Wichtig: Suchen Sie sich ein zinsstarkes Angebot für Ihren Sicherheitsbaustein, zum Beispiel in unserem Zinsvergleich auf test.de/zinsen. Achten Sie darauf, dass die Zinsen jeweils wieder angelegt werden.
Meiden Sie Lockangebote mit kurzer Laufzeit, gedeckelten Anlagebeträgen oder Zusatzkosten. Je länger die Laufzeit und je höher Startkapital und Zinssatz, desto stärker wirkt der Zinseszinseffekt!

FESTGELD / SPARBRIEF: Auf einem Festgeldkonto legen Sie eine bestimmte Summe für eine bestimmte Zeit zu einem festen Zinssatz an. Je länger die Anlagedauer, desto höher der Zinssatz. Zwischendurch ist das Geld nicht verfügbar. Angebote gibt es von 30 Tagen bis einem Jahr – darüber hinaus (bis zehn Jahre Anlagedauer) spricht man von Sparbriefen. Mehr Infos über aktuelle Anbieter und Konditionen, siehe test.de/festgeld.

Wählen Sie zwischen Angeboten mit jährlicher und unterjähriger Verzinsung. Bei Letzteren werden die Zinsen monatlich, quartalsweise oder halbjährlich ausgezahlt. Durch die mehrmalige Verzinsung wächst das Guthaben etwas schneller an.
Auf Nummer sicher geht, wer bei test.de/festgeld den Filter „Nur Anbieter mit deutscher, weitergehender Einlagensicherung" wählt. Banken in anderen EU-Ländern bieten zwar zum Teil höhere Zinsen. Wählen Sie jedoch nur ausländische Angebote, die die Finanztest-Sicherheitskriterien erfüllen. Zwar schreibt eine EU-Richtlinie im Fall

einer Bankenpleite eine Entschädigung von bis zu 100 000 Euro pro Bank und Kunde vor. Doch bislang gibt es keine gemeinsame europäische Einlagensicherung und die Sicherungssysteme etlicher Länder befinden sich noch im Aufbau. Stiftung Warentest empfiehlt deshalb nur Banken aus EU-Ländern mit Top-Bewertungen der drei führenden Rating-Agenturen Fitch, Moody's und Standard & Poor's.

Achten Sie bei ausländischen Angeboten darauf, dass Zinsen entweder ausgeschüttet oder wie in Deutschland üblich wieder angelegt werden. Nur so profitieren Sie vom Zinseszinseffekt. Manche Banken sammeln die Zinsen an und zahlen sie erst zum Laufzeitende aus. Das schmälert die Rendite und übersteigt gegebenenfalls Ihren Sparerfreibetrag. Im Festgeldvergleich auf test.de sind solche Angebote ausgeschlossen – unter der Rubrik „nicht empfehlenswerte Banken" sind Sie mit der Begründung für den Ausschluss gelistet.

ACHTUNG, QUELLENSTEUER: Erkundigen Sie sich bei Anlagen im Ausland vorab, ob auf Zinszahlungen Quellensteuer fällig wird. Diese wird von der Bank einbehalten und kann bis zu 35 Prozent betragen. Dies ist zum Beispiel bei Angeboten in Irland, Portugal und Bulgarien der Fall. Anleger können sich über ihre Steuererklärung einen Teil der Quellensteuer erstatten lassen. Wer den Aufwand scheut, verzichtet besser auf solche Angebote.

Wollen Sie regelmäßig einen bestimmten Betrag einzahlen, kommt ein Banksparplan infrage – entweder mit fester oder variabler Verzinsung, mit oder ohne Laufzeitbegrenzung. Meist sind auch Einmalzahlungen möglich. Im Zinstief hatte sich das Angebot ausgedünnt – inzwischen werden Banksparpläne wieder vermehrt aufgelegt.

Die Zeit der Minizinsen steckt vielen noch in den Knochen. Während sich Häuslebauer über niedrige Zinsen freuten, lohnten sich Tages- und Festgeld sowie Sparbriefe jahrelang kaum. Auch die Renditen von Euro-Anleihen und Euro-Rentenfonds waren so mickrig, dass sie Anlegern inflationsbereinigt durchweg Verluste bescherten.

Schuld war vor allem die Geldpolitik der Europäischen Zentralbank (EZB): Um die niedrige Inflationsrate in Richtung der angestrebten 2 Prozent zu hieven und das erhoffte Wirtschaftswachstum zu generieren, hatte die EZB seit der Finanzkrise 2008 den Leitzins immer weiter gesenkt, bis er im März 2016 bei Null landete.

Damit nicht genug: Banken, die Geld bei der Zentralbank parkten, bekamen zeitweise keine Zinsen mehr dafür, sondern mussten sogar ein Verwahrentgelt zahlen. Diese zusätzlichen Kosten gaben viele an ihre Kunden weiter, indem sie diese ab einer bestimmten Einlagesumme ebenfalls mit Strafzinsen belasteten.

Angesichts der Rekordinflation infolge des Ukraine-Krieges wendete sich das Blatt: Seit Sommer 2022 erhöhte die EZB den Leitzins schrittweise auf 4,25 Prozent (Stand: August 2023), um den Preisanstieg einzudämmen. Banken bekommen längst wieder Geld dafür, wenn sie überschüssiges Geld über Nacht bei der EZB parken.

ZINSAKTIONEN UND LOCKANGEBOTE: Während Banken steigende Kreditzinsen blitzschnell an Kunden weitergeben, haben sie es bei den Sparzinsen traditionell nicht eilig. Kein Wunder, vergrößert doch jedes Prozentpünktchen weniger den eigenen Profit. Aus diesem Grund kommt die Zinswende auf deutschen Sparkonten bislang nur verzögert und abgeschwächt an. Zudem locken viele Banken bevorzugt Neukunden an. Bestandskunden bleibt dann nur, sich nach besseren Zinsangeboten umzuschauen – am besten auch im Internet.

Vorreiter in Sachen Zinsen sind neuerdings Neobroker wie Scalable Capital und Trade Republic – rein online agierende Wertpapiervermittler. Sie bieten kein klassisches Tagesgeld an, sondern ein verzinstes Verrechnungskonto zum Abwickeln von Transaktionen.

Der Renditebaustein: Wie Sie die Börse in Ihren Pantoffel stecken

Die Jahresbilanz 2022 gab Börsenanlegern wenig Anlass zum Jubilieren. Ganz im Gegenteil: Der Deutsche Aktienindex (Dax) verzeichnete unterm Strich ein Minus von 12,3 Prozent. Andere Indizes wie den US-amerikanischen S&P 500 traf es mit einem Absturz um rund 20 Prozent sogar noch härter. Investoren, die auf Ihre Jahresabrechnung schauten, sahen dort ein dickes Minus. Warum das Ganze im Normalfall trotzdem kein Beinbruch ist? Dazu drei oft ignorierte, dennoch essenzielle Wahrheiten:

IN SIEBEN SCHRITTEN ZUM PORTFOLIO

Die besten Zinsanlagen und Fonds auszuwählen und sie dann richtig zu kombinieren, kostet einmal Zeit – macht danach aber fast keine Mühe mehr.

SCHRITT 1: KASSENSTURZ MACHEN

Überschlagen Sie, wie viel Geld Sie aktuell zur freien Verfügung haben und wie viel Sie monatlich für einen Sparplan abzwacken können. Dieses Geld sollte in einem langfristig orientierten Pantoffel-Portfolio angelegt werden.

SCHRITT 2: RISIKONEIGUNG PRÜFEN

Entscheiden Sie sich für eine defensive, ausgewogene oder offensive Ausrichtung. Je länger Sie Ihr Geld anlegen wollen, desto höher darf das Risiko sein. Rechnen Sie mögliche prozentuale Verluste in Euro um, sodass Sie ein besseres Gefühl bekommen. Auf test.de/fondsfinder liefern Ihnen historische ETF-Performances Kennzahlen wie „Höchster Jahresverlust" und „Maximaler Verlust".

SCHRITT 3: ANBIETER WÄHLEN

Suchen Sie auf test.de/festgeld ein für Sie passendes Angebot für den Sicherheitsbaustein aus. Auf test.de/depot und test.de/neobroker finden Sie die besten Depotanbieter. Ein Depot benötigen Sie für den Renditebaustein.

SCHRITT 4: GUTHABEN AUFTEILEN

Eröffnen Sie das Festgeldkonto und Ihr Depot und verteilen Sie Ihr verfügbares Geld anhand Ihres zuvor ausgewählten Risikotyps.

SCHRITT 5: FONDSAUSWAHL TREFFEN

Den Renditebaustein im Depot bestücken Sie am besten mit einem global anlegenden ETF mit Finanztest-Bewertung „1. Wahl". Wer auf Nachhaltigkeit Wert legt, für den gibt es auch entsprechend als solche gekennzeichneten 1.-Wahl-ETF.

SCHRITT 6: BEIMISCHUNGEN WÄHLEN

Der Renditebaustein kann auf Wunsch unterteilt werden in einen großen Welt-ETF-Anteil und eine kleinere Beimischung. So könnte etwa noch ein Schwellenländer-ETF oder ein ETF auf eine spezielle Branche Teil des Bausteins werden. Wer sein Pantoffel-Portfolio etwa um Deutschland erweitern will, verändert nur den Renditeanteil. Beim ausgewogenen Depot ergibt sich daraus: 40 % Welt-ETF, 10 % Deutschland-ETF – und die übrigen 50 % stecken nach wie vor im Sicherheitsbaustein. Faustregel: Je riskanter eine Beimischung, desto geringer ihr Anteil!

SCHRITT 7: SPARPLÄNE EINRICHTEN

Einen oder mehrere Sparpläne (je nach ETF-Anzahl) können Sie per Dauerauftrag auf das Verrechnungskonto des Depots einrichten. Viele Broker bieten auch ein Lastschriftverfahren an. Lassen Sie den Sparplan direkt nach Gehaltseingang laufen, so merken Sie kaum, dass etwas fehlt.

1 KURSRÜCKGÄNGE SIND KEINE VERLUSTE: Kursverluste an der Börse existieren zunächst nur auf dem Papier, also rein virtuell. Was heißt das? Ganz einfach: Auch wenn der MSCI World Index – was zum Glück nur sehr selten passiert – an einem Tag um 10 Prozent in die Knie geht, macht uns das nicht real ärmer – nicht um einen einzigen Euro. Es handelt sich um einen so genannten Buchverlust. Nur wer in einer solchen Situation hektisch verkauft, realisiert den Verlust. Wer aber ruhig bleibt, bis die Kurse wieder steigen, verliert nichts.

2 MOMENTAUFNAHMEN SIND TRÜGERISCH: Angesichts des schlechten Börsenjahrs 2022 gerät schnell in Vergessenheit, dass dieselben Indizes in den Jahren zuvor noch Rekordanstiege verzeichnet hatten. Das bedeutet: Größere Buchverluste haben vor allem jene erlitten, die erst kürzlich und zu sehr hohen Kursen eingestiegen waren. Wer bereits über Jahre investiert war, hatte bis 2022 relativ stabile Kursgewinne verzeichnen können und musste nun lediglich einen Dämpfer hinnehmen. Wermutstropfen für alle Spätzünder: Auch die 2022er Delle wird in einigen Jahren (höchstwahrscheinlich) ausgebügelt sein – und aus Buchverlusten werden bald erste Buchgewinne.

3 AUF REGEN FOLGT SONNENSCHEIN: Wer es schafft, ruhig zu bleiben und die Füße stillhält, hat eine sehr gute Chance, dass die Kurse wieder steigen und sich die Scharte quasi von allein auswetzt. Daten aus der Vergangenheit zeigen, dass auf jeden Börsencrash nahezu gesetzmäßig eine Erholung folgt. Jüngstes Beispiel: der Einbruch der Aktienmärkte zu Beginn der Coronakrise. Es dauerte gerade einmal zweieinhalb Monate, bis der Dax, der zuvor innerhalb von 14 Tagen von 12 128 Punkten (4. März 2020) auf 8442 Punkte (18. März) abgerauscht war, sich wieder erholt hatte. Bereits am 2. Juni schloss er wieder bei 12 487 Zählern. Ähnlich knapp drei Jahre später: Die Verluste des Jahres 2022 hatte der Dax bereits Mitte Februar 2023 wieder wettgemacht. In zehn bis 20 Jahren spielt der Zeitpunkt des Erstinvestments kaum noch eine Rolle.

Die Lehre aus einem schlechten Börsenjahr ist folglich nicht, für alle Zeit die Finger von Aktien und Aktienfonds zu lassen. Anleger würden sich damit um einen Großteil ihrer Renditechancen bringen. Die Lehre vielmehr: Börseninvestments sind unverzichtbar für alle, die ihr Geld vermehren wollen. Ein paar Regeln sind jedoch wichtig:

Bewährte Paketlösung: das Pantoffel-Portfolio

1 ZEIT MITBRINGEN: Die Börse ist nichts für kurzfristige Geldanlagen, denn insbesondere Aktienkurse können schwanken. Zehn Jahre Zeit sollten Anleger mindestens mitbringen, um Crashs aussitzen zu können. Über derart lange Anlagehorizonte ist die Wahrscheinlichkeit hoch, dass stabile Gewinne auflaufen. Den Zeitpunkt des Verkaufs sollten wir im Fall des Falles verschieben können – oder das Guthaben per Auszahlplan stückchenweise entnehmen. Wer sein Geld dagegen nach wenigen Jahren oder zu einem bestimmten Zeitpunkt benötigt, setzt besser auf Zinsanlagen.

2 VERMÖGEN AUFTEILEN: Vor allem in Zeiten, in denen Zinsanlagen die Inflation nicht schlagen, ist es sinnvoll, zumindest einen Teil unserer Ersparnisse an der Börse zu investieren, um ein reales Plus zu erwirtschaften. Aktienfonds und ETF bieten die Chance auf höhere Renditen als Anleihen und Rentenfonds. Denn es wäre kontraproduktiv, alles auf eine einzelne Aktie zu setzen. Natürlich laufen einige Aktien immer wieder besser als der Markt – aber einige auch deutlich schlechter. Dies vorauszusehen, gelingt den wenigsten (siehe „Aktiv gemanagte Fonds", S. 128).

3 RICHTIGE WAHL TREFFEN: Auch Anleger mit geringer Risikoneigung finden an der Börse Möglichkeiten. Dort werden nicht nur Aktien und Anleihen gehandelt, sondern auch Indexfonds, besser bekannt als ETF. Bildet ein ETF etwa den MSCI World Index nach, legen wir uns mit dem Kauf dieses ETF einen Großteil der Weltwirtschaft in den Korb. Es ist dann unerheblich, ob einzelne Aktien oder Branchen gerade schlecht laufen, weil viele andere gut performende Aktien deren Schwächephase kompensieren.

4 AUSZAHLUNG OPTIMIEREN: An der Börse ist es jederzeit möglich, sowohl einzelne Wertpapiere als auch Fondsanteile zu verkaufen. Wer den Zeitpunkt frei wählen kann, wartet auf hohe Kurse – oder verkauft zumindest nicht im Börsentief. Ein Verkauf funktioniert aber auch stückchenweise: Wer sein Guthaben beispielsweise dazu verwenden möchte, sich jeden Monat ein Zusatzeinkommen auszuzahlen, kann das über einen Auszahlplan tun: Einfach Betrag und Auszahlungsrhythmus bestimmen und Restguthaben stehenlassen. Dieses Vorgehen ist auch steuerlich günstiger: Nur wer den Sparerpauschbetrag von 1000 Euro pro Jahr und Person überschreitet, muss auf Gewinne darüber hinaus 25 Prozent Abgeltungssteuer zahlen (plus Solidaritätszuschlag und eventuell Kirchensteuer).

5 **RUHIG BLUT BEI KURSVERLUSTEN:** Wer genügend Zeit hat, sitzt Schwächephasen an der Börse am besten aus, bis die Kurse wieder steigen. Das kann zwischen wenigen Wochen und mehreren Jahren dauern. Vorteil: Wer auch in Schwächephasen investiert, kauft für den gleichen Preis mehr Anteile.

Zwei Seiten derselben Medaille: Verlustrisiko und Gewinnchance

Mit dem Begriff Risiko drücken wir die Möglichkeit aus, dass ein negatives Ereignis eintritt. Wie wahrscheinlich dieses Ereignis ist – das kommt auf ganz auf den Sachverhalt und die Begleitumstände an. Bei blauem Himmel ist das Risiko, dass es regnet, verschwindend gering, bei dunklen Gewitterwolken entsprechend hoch.

Genauso gut könnten wir statt von einem Regenrisiko von einer Regenchance sprechen. Wir könnten Regen statt als unangenehme und lästige Wetterkapriole als etwas grundsätzlich Positives für Pflanzen, Tiere und Menschen ansehen und uns über ihn freuen.

Dasselbe ist bei der Geldanlage an der Börse möglich: Ebenso, wie das Risiko besteht, dass die Kurse fallen und unser Depot vorübergehend an Wert verliert, besteht die Chance, dass sein Wert rapide steigt. Man kann sogar sagen, dass wir uns die Chance auf vergleichsweise hohe Renditen mit dem Zugeständnis erkaufen müssen, dass es auch mal in die andere Richtung gehen kann.

Das wäre dann von Nachteil, wenn wir Kursschwankungen hilflos ausgeliefert wären. Sind wir aber nicht. In einem Pantoffel-Portfolio lassen sich Sicherheitsstreben und Gewinnorientierung je nach persönlicher Vorliebe austarieren. Während der Renditebaustein langfristig für Gewinne sorgt, federt der Sicherheitsbaustein etwaige Kursverluste ab. Je größer sein Anteil am Portfolio, desto geringer das Risiko – desto geringer aber auch die Gewinnchance.

Auch wenn Sicherheit wichtig ist: Damit der Pantoffel seinen Zweck erfüllt, braucht es in jedem Fall einen Renditebaustein, der nicht unter einen Anteil von 25 Prozent sinken sollte. Nur so ist gewährleistet, dass unser Depot – vor allem in Zeiten niedriger Zinsen oder hoher Inflation – eine nennenswerte Rendite erzielt.

Bewährte Paketlösung: das Pantoffel-Portfolio

Fest steht: Mit ETF lassen sich meist deutlich höhere Renditen erzielen als mit Tages- und Festgeld, Anleihen oder Rentenfonds. Die Zeiten, in denen selbst die völlig risikolosen Bundeswertpapiere einen stabilen Realgewinn abwarfen, sind derzeit vorbei. Ob das die zuletzt deutlich gestiegenen Zinsen wieder ändern, muss sich noch zeigen. Auf lange Sicht jedenfalls brachten Aktien-ETF im Schnitt meist deutlich über 6 Prozent pro Jahr.

Das bedeutet: Wer 30 Jahre lang 200 Euro pro Monat in einen Aktien-ETF einzahlt, insgesamt 72 000 Euro, würde mit den 6 Prozent am Ende auf 194 902 Euro kommen. Macht einen Gewinn von 122 902 Euro beziehungsweise einen Zuwachs von 170 Prozent!

Die Renditechance eines Pantoffel-Portfolios ist umso höher, je größer sein Aktienanteil ist – dasselbe gilt jedoch für das Anlagerisiko. Wie 2022 bewiesen hat, gibt es Jahre, in denen die Kurse sinken. Wer Rückschläge nicht einmal im Ansatz aushalten kann, für den ist höchstens der defensive Pantoffel geeignet.

Monat für Monat oder auf einen Schlag – so füttern wir unsere Pantoffel

Sind Tagesgeldkonto und Depot eröffnet, kann es losgehen mit dem Einzahlen. Ein Pantoffel lässt sich auf zwei unterschiedliche Weisen füttern – entweder in Form einer nennenswerten Einmalzahlung, etwa nach einer größeren Erbschaft, oder über einen Sparplan.

Eine Einmalzahlung hat Vor- und Nachteile. Der Hauptvorteil besteht darin, dass beim Sicherheitsbaustein Zins- und Zinseszinseffekt von Beginn an eine größere Summe hebeln. Nachteilig kann sein, dass wir mit viel Pech genau zum absoluten Kurshoch eines Jahres einsteigen und anschließend zusehen müssen, wie der Wert unseres Renditebausteins zunächst auf Talfahrt geht.

Der Nachteil am gestaffelten Einstieg, also der Sparplanlösung: Unser Vermögen wächst zunächst relativ langsam. Auf der anderen Seite profitieren wir in guten wie in schwierigen Börsenzeiten von einem besonderen Effekt. Der Cost-Average-Effekt („Durchschnittskosteneffekt") ist das Gegenstück zum Zinseszinseffekt – und wird oft als größter Vorteil von Fondssparplänen bezeichnet.

Und so wirkt der Effekt: Sind die Kurse niedrig, bekommen wir für unseren monatlichen Betrag mehr Fondsanteile. Zieht die Börse an und steigen die Kurse, bringt uns dieses Mehr an Anteilen auch mehr Gewinn. Umgekehrt kaufen wir für denselben Betrag bei hohen Kursen weniger Anteile. Auf diese Weise werden Schwankungen, zu denen es an den Wertpapiermärkten immer wieder kommt, völlig ohne unser eigenes Zutun mitgenommen und für bessere Nachkaufkurse ausgenutzt.

Die meisten von uns können sich den Einzahlungsmodus ohnehin nicht aussuchen. Für sie kommt ausschließlich ein kleinerer, dafür regelmäßiger Sparbeitrag infrage.

DEN CHEF BETEILIGEN: Arbeitnehmer können einen ETF-Sparplan auch im Rahmen vermögenswirksamer Leistungen (VL) über ihren Betrieb abschließen. In vielen Fällen steuert der Arbeitgeber sogar einen Teil der monatlichen Einzahlung bei – je mehr, desto attraktiver für Sparer. Ein solcher VL-Sparplan mit seiner relativ geringen Einzahlung ist der ideale Weg, um die eigene Börsentauglichkeit mit gepuffertem Risiko zu testen.

Rote Zahlen im Depot? Keine Panik – die Kurse erholen sich bald wieder

Schockmoment für Pantoffel-Portfoliobesitzer: Die Kurse rauschen seit Tagen in den Keller. Ein Blick ins Depot zeigt: 10 Prozent im Minus – also bereits Hunderte Euro verloren. Haben wir am Ende doch alles falsch gemacht? Hatten unsere vorsichtigen Eltern recht? Sollten wir unseren Pantoffel schnell wieder auflösen und alles verkaufen? Wenigstens den Rest des Geldes retten?

Alles – nur das nicht.

Was da in unserem Depotauszug hinter dem Minuszeichen steht, ist ein „Buchverlust". Er steht – wie der Name sagt – in den Büchern. Unser Depot ist in diesem Moment weniger wert als zuvor. Einen Verlust erleiden wir aber nur, wenn wir den Verlust realisieren. Erst dann ist er physisch existent.

Wer dagegen die Nerven behält und sein Depot in Ruhe lässt, hat die große Chance, dass sich der Buchverlust von selbst ausbügelt. Was es dazu braucht, sind steigende Kurse. Wer einen Fondssparplan laufen hat, investiert weiter stur jeden Monat die festgelegte Rate – und bekommt dafür im Kurstief sogar mehr Anteile.

Nur am Rande: 10 Prozent Plus im Depot sind zunächst auch nur ein Buchgewinn. Erst bei einem Verkauf würde dieser realisiert. Da wir jedoch langfristig planen, müssen wir nicht bei jedem Kursanstieg Teile verkaufen und Gewinne mitnehmen – wir setzen auf den langfristigen Anstieg unseres Pantoffels. Wir denken nicht in Wochen oder Monaten, sondern in Jahren und Jahrzehnten.

PANTOFFEL-CHECK: Prüfen Sie einmal im Jahr, ob das Verhältnis zwischen Rendite- und Sicherheitsbaustein noch stimmt. Beim ausgewogenen Portfolio handeln Sie, wenn der Aktienanteil auf über 60 Prozent gestiegen oder unter 40 Prozent gefallen ist. Dann lenken Sie beide Sparraten in den zu leicht gewordenen Baustein. Stimmt das Verhältnis wieder, normalisieren Sie die Raten. Für ein defensives bzw. offensives Portfolio gilt das, sobald der Aktien-ETF über 35 bzw. 85 Prozent klettert oder unter 15 bzw. 65 Prozent sinkt. Bei der Einmalanlage schichten Sie zwischen den Bausteinen um.

Immer wichtiger: Nicht nur profitabel anlegen, sondern auch nachhaltig

Es gibt keinen Planeten B. Immer mehr Menschen legen Wert auf Nachhaltigkeit, auch beim Thema Geldanlage. Viele von uns wollen ihr Geld nicht mehr nur arbeiten lassen – es sollte nach Möglichkeit für ethische, ökologische und/oder soziale Zwecke arbeiten.

Hintergrund: Wer eine Einzelaktie kauft, hat sich in der Regel informiert, ob das Unternehmen in der Rüstungs-, Mineralöl- und Atomenergiebranche tätig ist. Anders Fondsanleger, die zum Beispiel Anteile an einem ETF kaufen, der dem Aktienindex MSCI World folgt: Niemand wird sich hinsetzen und sämtliche darin abgebildeten

1500 Firmen in 23 Ländern daraufhin überprüfen, ob diese ihr Geld auf nachhaltige und ethisch korrekte Weise verdienen.

In der Regel kaufen wir also die Katze im Sack – obwohl wir vielleicht lieber gezielt in Umwelt- und Klimaschutzprojekte investieren und soziale Anliegen fördern würden. Unser Geld soll sich zwar vermehren – doch möglicherweise nicht um jeden Preis.

Mit der wachsenden Nachfrage nach grünen Geldanlagen ist in den vergangenen Jahren auch das Angebot gestiegen. Dieses reicht mittlerweile von Zinsanlagen bis zu Investmentfonds. Leider existiert bis dato keine verbindliche Festlegung darüber, welche Kriterien eine nachhaltige Anlage erfüllen muss. Anleger laufen damit Gefahr, auf Greenwashing hereinzufallen, also das Anpreisen vermeintlich nachhaltiger Eigenschaften, die einer genaueren Betrachtung jedoch nur eingeschränkt oder gar nicht standhalten.

GREENWASHING ERKENNEN: Dass ein Finanzprodukt sich einen ethisch-ökologischen Anstrich gibt, erkennt man unter anderem am lautstarken Geklingel mit rechtlich nicht geschützten Begriffen wie „nachhaltig, verantwortlich, ethisch". Auch eigens kreierte Nachhaltigkeitssiegel deuten darauf hin, bunte Bilder und blumige Absichtserklärungen. Werden Treibhausgaseinsparungen genannt, sollte angegeben sein, wie diese zustande kommen. Manche Anbieter bemänteln mit einzelnen grünen Produkten ihr problematisches Hauptgeschäft.

Gut, dass es die Nachhaltigkeitsbewertung von Finanztest gibt: Damit finden Sie heraus, welche Fonds und ETF tatsächlich Ihren Vorstellungen entsprechen. Unsere Expertinnen und Experten haben für fast 200 in unserer Datenbank vertretene Fonds eine Nachhaltigkeitsbewertung vergeben. Dabei handelt es sich um Aktienfonds und Aktien-ETF, die das Geld der Anleger und Anlegerinnen entweder weltweit, europaweit oder in sogenannten Schwellenländern investieren (www.test.de/fondsfinder).

Wer sich an dieser Bewertung orientiert, kann sicher sein, dass die am besten bewerteten Fonds nur in Unternehmen investieren, die höchstens 5 Prozent ihres Umsatzes mit Geschäften machen, die gegen die Ausschlusskriterien verstoßen. Zum anderen bewerten unsere Experten und Expertinnen die Auswahlkriterien der Fondsanbieter, ihre Strenge bei der Auswahl der Aktien und das Vorhandensein eines unabhängigen Nachhaltigkeitsbeirats.

Bewährte Paketlösung: das Pantoffel-Portfolio

So viel vorab: Wer Wert auf strenge Nachhaltigkeit legt, muss aktive Fonds kaufen. ETF sind maximal mittelstreng. Für eine ausgewogene Mischung empfiehlt Finanztest drei aktive Fonds oder eine Kombination aus einem aktiven Fonds und einem ETF.

Übrigens: Dass grüne Geldanlagen weniger Rendite abwerfen, ist ein Vorurteil. Nachhaltige und konventionelle Fonds entwickeln sich in etwa gleich – mal haben die einen die Nase leicht vorn, mal die anderen. Als während der Corona-Pandemie die Wirtschaft lahmte, drückte das die Aktienkurse von Energiekonzernen – klassische Fonds gerieten ins Hintertreffen. Zuletzt hatten sie wieder leichte Vorteile, da infolge des Ukraine-Krieges die Aktien der Ölmultis stark stiegen. Die besten nachhaltigen Fonds verzichten auf fossile Energien – und konnten an der Kursrallye daher nicht teilnehmen.

Wer sein Pantoffel-Portfolio grün aufstellen will, ersetzt – je nach Struktur des Pantoffels – einen oder mehrere ETF durch ihre nachhaltigen Entsprechungen, zum Beispiel beim Welt-Pantoffel den Aktien-ETF auf den MSCI World durch einen ETF auf den Nachhaltigkeitsindex MSCI World SRI.

Anlagen zum Anfassen: die Welt der Sachwerte

Immobilien, Gold und Aktien gelten in Zeiten hoher Inflation als sichere Häfen. Da ihr Wert jedoch schwanken kann, sollten Anleger sie nur als Beimischung nutzen.

Ob Aktien, Anleihen oder Fondsanteile – die meisten Geldanlagen sind für uns hochgradig abstrakte Gebilde. Sie existieren lediglich in der virtuellen Welt vernetzter Computersysteme: als Zahlen- und Buchstabenkolonnen, Zinsstaffeln und Kursverläufe. Wurden Anteilspapiere und Schuldverschreibungen früher immerhin noch auf Papier gedruckt, damit der Käufer einen Nachweis in der Hand hatte, ist auch das seit geraumer Zeit vorbei.

GOLD RICHTIG KAUFEN

Es ist nicht alles Gold, was glänzt.
Wer sich für das Edelmetall interessiert,
sollte ein paar Dinge beachten.

BARREN ODER MÜNZEN

Entscheiden Sie sich, ob Sie Goldbarren, Goldmünzen oder Gold-Wertpapiere bevorzugen. Bei Barren oder Münzen stellt sich ab einem gewissen Wert die Frage nach einer sicheren Aufbewahrung. Ein solider Wandtresor oder ein Bankschließfach rufen einmalige beziehungsweise sogar laufende Kosten auf den Plan. Käufer von Goldbarren sollten auf den Aufpreis gegenüber dem aktuellen Börsenkurs achten. So sind Mini-Barren von 1 Gramm mit Aufschlägen von 20 Prozent und mehr vergleichsweise teurer als größere Barren. Bereits ab 100 Gramm Gewicht lassen diese sich mit vergleichsweise geringem Preisaufschlag erwerben. Andererseits binden größere Mengen mehr Wert in einem unteilbaren Barren. Wer Münzen bevorzugt, setzt am besten auf Standardmünzen in der Einheit 1 Feinunze (1 oz), zum Beispiel Krügerrand oder Maple Leaf. Diese gibt es zu einem vertretbaren Preisaufschlag.

SERIÖSE BEZUGSQUELLEN

Spezialisierte Händler verfügen über eigene Filialen und verkaufen Gold darüber hinaus über ihre Online-Shops. Auf der Goldkauf-Vergleichsplattform gold.de finden Interessenten eine Liste sowohl mit vertrauenswürdigen Onlineshops (Trusted shops) als auch zertifizierten Goldhändlern – sowie eine Warnliste mit Fakeshops.

SAMMLERMÜNZEN MEIDEN

Wollen Sie Ihr Gold in Münzenform kaufen, achten Sie darauf, dass es sich nicht um Sammlermünzen handelt. Für diese werden satte Aufschläge auf den Goldpreis fällig, weshalb sie sich nicht für die Geldanlage eignen. Zudem ist die Entwicklung des ideellen Sammlerwerts einer Münze mit Star-Wars- oder Bud-Spencer-Motiv über die Jahrzehnte völlig unvorhersehbar – und bewegt sich in einer Spanne von extrem wertvoll bis fast wertlos.

GOLD-WERTPAPIERE

Wer Gold nicht in physischer Form besitzen möchte, kauft Gold-ETC („Exchange Traded Commodities"). Diese funktionieren ähnlich wie ETF. Auf Gold-ETC ist auch ein monatlicher Sparplan möglich. Die Gold-Beimischung sollte nur fünf, maximal zehn Prozent des Renditebausteins betragen. Mehr zum Thema finden Sie auf test.de/gold oder im Ratgeber „Investieren Gold".

STEUERN

Wer Barren und Münzen mindestens ein Jahr hält und erst nach dieser Spekulationsfrist verkauft, muss auf einen etwaigen Gewinn keine Steuern zahlen. Das gilt auch für Gewinne aus dem größten deutschen ETC Xetra-Gold. Auf Gewinne aus anderen ETC werden unter Umständen 25 Prozent Abgeltungsteuer fällig.

Wie wir zu Beginn des Buches gesehen haben, ist sogar unser Geld selbst nur deshalb von Wert, weil sich Menschen und Staaten darüber verständigt haben, ihm diesen Wert zuzugestehen – und weil sie darauf vertrauen, dass der Herausgeber des Geldes dafür sorgt, dass es als Zahlungsmittel akzeptiert wird. Für sich genommen sind Scheine und Münzen dagegen weitgehend wertlos.

Moment – keine Regel ohne Ausnahme: Auch heute noch gibt es Münzen, die einen inneren, einen Materialwert besitzen – so wie vor 2500 Jahren die berühmten Stater des Königs Krösus. Denken wir etwa an Anlagemünzen wie Krügerrand aus Südafrika, Maple Leaf aus Kanada, American Eagle aus den USA, China Gold Panda oder Wiener Philharmoniker.

Solche Klassiker aus Gold oder Silber erfreuen sich nach wie vor großer Beliebtheit. Aber warum? Was ist es, dass Menschen zu Goldmünzen greifen lässt, wenn sie Gold auch als ETC erwerben könnten und sich nicht um die Aufbewahrung sorgen müssten?

Ein wichtiger Faktor ist das sinnliche Vergnügen, das uns physisch vorhandene Objekte bereiten. Wer Münzen besitzt, kann diese nicht nur sehen, sondern auch in die Hand nehmen – zumindest theoretisch, in der Praxis besser nur mit speziellen Handschuhen –, in ein Album einsortieren und anderen Menschen zeigen. Das gilt analog für eine eigene Immobilie – ob man diese nun selbst bewohnt oder an andere vermietet. Man hat etwas „in der Hand".

ECHTES EIGENTUM: Ob Aktie (die früher ein Anteilsschein aus Papier war), Immobilie oder Gold: Wer in Sachwerte investiert, erwirbt physisches Eigentum. Dasselbe gilt für Kunstwerke, Weine und andere Sammelgegenstände. Diese können im Normalfall zwar nicht völlig wertlos werden – eine Garantie, dass sie längerfristig eine positive Realrendite bringen, gibt es nicht. Insbesondere unerfahrene Anlegerinnen laufen Gefahr, sich mit Sachwerten zu verspekulieren!

Ein zweiter Faktor ist die Wertstabilität, die wir mit Sachwerten assoziieren. Was wir berühren können, so denken – oder eher: fühlen wir –, ist real und wird stets einen Wert besitzen. Leider ist das mehr Wunschdenken als Tatsache. Doch selbst wenn: Ein stabil bleibender Wert ist nicht das Ziel von Geldanlage – als Anleger geht es uns um Wertsteigerungen, wie sie in den vergangenen Jahren zum Beispiel Immobilien in guten Lagen ihren Eigentümern bescherten.

Gold, Edelmetalle und andere Rohstoffe: keine Dauerbrenner

Goldmünzen oder -barren sind als Anlageform einen Gedanken wert, allerdings nur als Beimischung mit fünf, allerhöchstens zehn Prozent Anteil innerhalb des Renditebausteins Ihres Pantoffel-Portfolios.

Kurzfristig und auf engere Zeiträume bezogen steigt der Goldpreis immer wieder stärker an als der Welt-Aktienmarkt. So stieg der Goldpreis etwa im Coronajahr 2020 auf ein neues Allzeithoch. Auch im Krisenjahr 2022 sorgte eine Beimischung von Rohstoff-ETF im Pantoffel-Portfolio dafür, dass die Verluste geringer ausfielen als mit weltweiten Aktien-ETF.

Langfristig betrachtet jedoch war eine Beimischung von Rohstoffen im Allgemeinen oder Gold im Speziellen nicht überragend: Über die letzten 30 Jahre gesehen fuhren Anlegerinnen und Anleger mit einem ETF auf den MSCI World-Index die höhere Rendite ein.

Der Goldpreis kann erheblich schwanken – auf Zeiten des Anstiegs können deutliche Rücksetzer oder lange Seitwärtsphasen folgen. Silber brachte in den vergangenen Jahren eine miserable Rendite. Andere Edelmetalle wie Platin und Palladium sind nur etwas für spekulative Anleger. Sehr umstritten sind Investments in Agrarrohstoffe wie Weizen, Mais und Soja.

Von Betongold bis Luxusgüter: Hohe Risiken treffen auf geringe Chancen

Keine Frage: Die meisten Menschen stehen auf Immobilien. Diese gelten als solide, wertstabil – und man kann sie sofort nutzen. Millionen träumen von einem eigenen Haus – auch wenn sie sich das angesichts exorbitanter Preise nicht leisten können.

Selbst die Tatsache, dass eine eigene Immobilie im Trennungsfall meist haufenweise Scherereien verursacht, hindert Paare nicht daran, ihr gesamtes Erspartes in den Bau oder Kauf zu stecken und sich die Wochenenden mit mehr oder minder realistisch geplanten (und mehr oder minder gut ausgeführten) Eigenleistungen um die Ohren zu schlagen.

KLUMPENRISIKO: Der Traum vom Eigenheim verführt viele dazu, jeden Cent in die eigene Immobilie zu stecken. Probleme entstehen, wenn die Finanzierung auf Kante genäht ist oder man das Haus wegen Trennung oder Umzugs loswerden muss. Lässt sich aufgrund mittelprächtiger Lage oder wegen eines hohen Zeitdrucks nicht der gewünschte Verkaufspreis erzielen, drohen Verluste. So gesehen ist es besser, sein Geld von vornherein auf mehrere Anlagen zu verteilen.

Eine Immobilie zu vermieten ist nur dann empfehlenswert, wenn man bereits eine gut aufgestellte Geldanlage hat. Vorteil: Kreditzinsen, laufende Ausgaben, Gebäudeabschreibung und Modernisierungskosten lassen sich steuerlich geltend machen. Nachteile sind zum einen der vergleichsweise hohe Kaufpreis und die Unsicherheit, ob das Investment unterm Strich wirklich Gewinne abwirft.

Als Alternative eignen sich Anteile an offenen Immobilienfonds. Direkte Beteiligungen an Häusern und Grundstücken sind zwar über ETF nicht möglich – allerdings gibt es Indizes, die Aktien von Immobilienunternehmen zusammenfassen sowie ETF, die diese Indizes nachbilden. In sie zu investieren, ist jedoch aus nahe liegenden Gründen etwas Anderes als der Kauf einer eigenen Immobilie.

Im Zinstief boomten auch Investitionen in exotischere Sachwerte wie Luxusuhren, Musikinstrumente, Edelsteine und Gemälde. Auch Spirituosen wie Rum und Whisky sowie Wein fanden eine steigende Zahl von Abnehmern. Von einer halbwegs berechenbaren Wertsteigerung kann jedoch in vielen Fällen keine Rede sein – darüber hinaus ist exzellente Sachkenntnis eine Grundvoraussetzung für Geschäfte mit exotischen Vermögenswerten. Als mehr als ein finanzielles Abenteuer können solche Investments nicht bezeichnet werden. Wer systematischen Vermögensaufbau betreibt, sollte schlicht die Finger davon lassen.

Und was ist mit Kryptowährungen, mit aktiven Fonds, Beteiligungen oder gar Sportwetten? Bei all diesen Varianten steht das extrem hohe Verlustrisiko in keinem Verhältnis zum möglichen Gewinn. Im Folgenden widmen wir dem Thema schnelles Geld ein eigenes Kapitel.

Machen wir mehr aus unserem Geld!

DER SCHÖNE TRAUM VOM SCHNELLEN GELD

Positives Denken allein hat noch niemanden reich gemacht. Entscheidend ist der Faktor Zeit. Klingt total langweilig? Soll es auch. Aufregende Versuche, über Nacht reich zu werden, gehen in aller Regel krachend schief.

Geld vermehrt sich – aber nicht über Nacht

Wer sein Erspartes im Rekordtempo verdoppeln will, dem gelingt meist das Gegenteil. Egal, was uns sogenannte Experten weismachen wollen – der Aufbau von Vermögen dauert.

Plötzlich reich zu sein – das wäre schön. Von heute auf morgen hätten wir ein beruhigendes Finanzpolster, könnten den vielleicht ungeliebten Job kündigen oder zumindest kürzertreten. Wir müssten nicht mehr zweifeln, ob wir auch im Alter noch gut leben könnten. Wir wären zufrieden und könnten das schöne Gefühl genießen, es im Leben zu etwas gebracht zu haben.

Keine Frage: Die Vorstellung von Reichtum bringt uns ins Träumen. Und manchmal sind wir dann nicht mehr bereit, es bei einem schönen Traum zu belassen oder noch Jahre darauf zu warten, dass er sich erfüllt. Manchmal wollen wir alles – und zwar sofort. Wollen die vermeintlich einmalige Chance ergreifen und von heute auf morgen das schnelle Geld machen. Alles, was es dafür braucht, ist ein geeigneter Auslöser, der uns in dieser Situation abholt. Das kann ein Gespräch mit einem Bekannten sein, eine faszinierende Radiosendung – oder eine zufällig entdeckte Internetwerbung.

Denn es gibt sie ja tatsächlich, die Glückspilze. Die Lottogewinner, die frühesten Bitcoin-Einsteiger und jene, die schon vor Jahren alles auf die Aktien von Amazon, Apple oder Google gesetzt haben. Doch wer sie heute als Experten mit dem richtigen Riecher feiert, hat leider nichts kapiert. Diese Genies haben schlicht Glück gehabt. Daneben gibt es Tausende, wenn nicht Millionen, die bei einem ähnlichen Versuch alles verloren haben. Wir aber kennen nur die Geschichten der Sieger und sitzen einer kognitiven Verzerrung namens „Survivorship Bias" auf (siehe S. 59). Diese besagt, platt übersetzt: Nur wer überlebt, kann von seinen Heldentaten berichten.

Lassen wir uns vom Gedanken auf schnellen Reichtum anzünden, sind wir in akuter Gefahr, Dinge zu tun, die wir später bereuen und weder uns noch anderen erklären können. Später – wenn wir viel Geld verloren haben oder sogar auf einem Schuldenberg sitzen.

Im Würgegriff der Emotionen oder: Warum uns ab und zu die Gier überkommt

Ob Kryptowährungen, Sportwetten oder Meme-Aktien, die im Internet gehypt werden und deren Wert dadurch rasant steigt: An nahezu jeder Ecke liegen Köder mit der Aufschrift „schneller Reichtum". Wer sie schluckt und Geld investiert, geht nicht nur ein unkalkulierbares Verlustrisiko ein. Wer Pech hat, hängt dauerhaft an der Angel cleverer Geschäftemacher, die sich selbst aus dem Staub machen und uns hilflos zappeln lassen.

Was ist es, das uns in diesen Situationen so waghalsig macht und uns dazu bewegt, unsere Abwehrreflexe zu missachten? Wie immer sind es unsere Emotionen. In Sachen Geldvermehrung ist es in erster Linie die Gier, die unseren Verstand lahmlegt. Vor allem unter Zeitdruck schalten wir – die lockende Belohnung vor Augen – in eine Art Alles-oder-nichts-Modus, in dem wir das Risiko missachten und nach dem Köder schnappen. In solchen Situationen entwickeln wir eine bemerkenswerte Fantasie, wenn es darum geht, das eigene Handeln zu rechtfertigen. Hier ein Best-of häufig vorgebrachter Begründungen, die in Wahrheit gegen ein Investment sprechen.

1 „WER NICHT WAGT, DER NICHT GEWINNT." Natürlich birgt auch das Anlegen mit ETF an der Börse ein Risiko. Es ist aber deutlich kalkulierbarer als jenes, das wir uns durch Sprüche wie diesen schönreden wollen. Allein die Erwartung von Reichtum und Gewinn löst in uns Euphorie aus. Dabei schüttet unser Vorderhirn das Glückshormon Dopamin aus, das unsere Gier steigert. Um diese zu befriedigen, ist ein immer höheres Reizniveau nötig: Wer Glück hat, steigert den Einsatz. Besonders perfide: Manche Anlagemodelle liefern zu Beginn vermeintlich die versprochene Rendite – bevor dann höhere Einzahlungen verlangt werden und das System irgendwann kollabiert.

2 „ICH HABE DAS RISIKO IM GRIFF." Das trifft für ein Portfolio, das in einen breit gestreuten Welt-ETF investiert und von einem Sicherheitsbaustein flankiert wird, sicherlich zu. Wer sich das aber erst einreden muss, hat meist gar nichts im Griff. Wie Neuroökonomen herausfanden, gehen Männer anders mit Risiken um als

Frauen. Auf den Punkt gebracht: Sie überschätzen ihre Fähigkeiten, während sie Risiken unterschätzen. Schuld ist das Hormon Testosteron, das nicht nur die Risikofreude erhöht, sondern Männer – und auch manche Frauen – entscheidungsfreudiger macht. Das kann zwar helfen, wenn es darum geht, hinderliche Bedenken wegzuschieben und Visionen in die Tat umzusetzen, hat aber in Sachen Geldanlage oft einen hohen Preis. Wer Kurse in die Höhe treibt, muss auch mit dem fast zwangsläufig folgenden Absturz leben.

3 „ICH WEIß DAS AUS SICHERER QUELLE." Wie immer gibt es solche und solche. Bei Untersuchungen von test.de und anderen Verbraucherschutz-Portalen sind fundiert und unterliegen strengen Kontrollen. Auch die Tipps der Ex-Kollegin, des altgedienten User im Stamm-Internetforum oder die des (angeblichen) Self-made-Millionärs auf YouTube scheinen Hand und Fuß zu haben. Schließlich haben Sie es geschafft – und auch wir wollen auf der Seite der Erfolgreichen stehen. Dafür rennen wir auch gerne der Herde hinterher. Mit Betonung auf hinterher – denn wenn die in Börsenforen gehypte Aktie endlich bei uns und der Allgemeinheit angekommen ist, ist das Kursfeuerwerk längst vorbei.

4 „MANCHMAL DARF MAN NICHT ZU FRÜH AUFGEBEN." Nicht verwechseln mit dem Rat, eine Anlagestrategie über 20 bis 30 Jahre zu verfolgen. Gemeint sind hier Modelle, bei denen kostspielige Online-Seminare oder exklusive Motivations-Events eine „Ausbildung" zum Daytrader, Kryptoexperten und Co. anbieten. Die ersten Investments gehen den Bach herunter? Nicht wenige würden eher das Aufbauseminar Chartanalyse buchen und trotzig weiteres Geld hineinbuttern, statt sich den Fehler einzugestehen. Schließlich gibt es nur eine Sache, die uns noch weitaus stärker umtreibt, als 1000 Euro zu gewinnen. Richtig: 1000 Euro zu verlieren. Und so warten wir lieber, dass sich die Dinge doch noch zum Guten wandeln. Denn wenn es erst einmal klappt, holen wir uns das verlorene Geld ganz schnell wieder zurück …

5 „ICH HABE DIE SACHE DURCHSCHAUT." Warum sich mit den mickrigen fünf bis sechs Prozent Rendite im Jahr zufrieden geben, wenn wir auch 20 Prozent haben können? Schließlich sind wir schlauer als alle anderen und wissen, wie der Hase läuft. Den Markt schlagen? Kinderleicht! – So denkt sicher manch einer von uns Neulingen an der Börse. Experten nennen das den Dunning-

Kruger-Effekt. Es mag hart klingen, aber gerade wenig kompetente Menschen überschätzen oft ihre eigenen Fähigkeiten. Kleiner Trost: Der Dunning-Kruger-Effekt besagt auch, dass Personen, die sich auf einem bestimmten Gebiet gezielt weiterbilden, sich selbst und andere bald viel besser einschätzen können.

Nicht neu, aber wahr: Wer die Geduld verliert, riskiert den Absturz

Da können wir hadern, wie wir wollen: Wilde Versuche, das Wachstum unseres Vermögens radikal zu beschleunigen, sind hochgradig risikobehaftet und produzieren schnell Verluste. Im Extremfall führen sie in den finanziellen Ruin. Und eigentlich wissen wir es ja auch: Unter normalen Umständen vermehrt sich Geld nicht im Schweinsgalopp, sondern eher im Schneckentempo.

Das lässt etwa Zinsanlagen nicht gerade sexy wirken, vor allem wenn sie nur wenig Rendite abwerfen. Ganz anders sähe es aus, gäbe es auf sie 10, 12 oder 15 Prozent Zinsen. Dann könnte man förmlich zuschauen, wie das Ersparte wächst – und auch der Zinseszinseffekt würde eine ganz andere Wucht entfalten. Aber wir denken zurück an das verflixte magische Dreieck: ohne Risiko keine Rendite.

So aber müssen wir uns mit überschaubaren 2 oder 3 Prozent begnügen – und froh sein, dass die Zinsen überhaupt wieder steigen. Wenn Ihnen das alles wieder mal zu langsam geht: Suchen Sie sich einen Zinseszinsrechner im Internet und lassen Sie sich ausrechnen, was im Lauf von zehn oder zwanzig Jahren aus 5000 oder 10 000 Euro wird. Immerhin, oder? Und all das völlig ohne Risiko.

Darüber hinaus behauptet niemand, dass Anleger keinerlei Risiken eingehen dürfen, um die Geldvermehrung zu beschleunigen. Nur gibt es zwischen todsicheren Zinsanlagen und hochriskanten Spekulationen auf Weine, Oldtimer und Kunstwerke noch einen dritten Weg: den der seriösen Anlage an der Börse, am besten in Indexfonds – also ETF. Zur Wahrheit gehört aber auch: Rauschen die Kurse in Krisenzeiten in den Keller, sind für Anleger und Anlegerinnen auch mal Dürrejahre dabei.

Das große Bild sah jedoch bislang immer anders aus: Über Anlagehorizonte von zehn bis zwanzig Jahren erfreuten etwa Aktien-ETF die Anleger mit durchschnittlich rund 6 Prozent Gewinn pro Jahr. Angesichts solcher Aussichten kommt wirklich Freude auf.

Man muss es so klar sagen: Bevor Sie als Laie mit Ihrem Geld auf Kryptowährungen spekulieren oder es in Unternehmensbeteiligungen oder Schiffscontainer investieren, tragen Sie es lieber an die Börse. Hier unterliegen die Finanzprodukte wenigstens einer öffentlichen und nachvollziehbaren Preisbildung.

Wie nun richtig handeln angesichts der Zerrbilder von schnellem Reichtum, die uns unser Gehirn vorgaukelt und der schnöden Realität mit Ihren leeren Versprechen und unkalkulierbaren Risiken? Antwort: Lernen Sie, Gefahren zu erkennen und weichen Sie Ihnen aus.

Wie wir falsche Fährten vermeiden

Der Weg zur finanziellen Unabhängigkeit
ist mit zwielichtigen Angeboten gepflastert.
Je lukrativer und exklusiver eine Anlage
angeblich ist, desto genauer sollten wir hinsehen.

„Ich kann Ihnen nicht sagen, wie man schnell reich wird. Ich kann Ihnen nur sagen, wie man schnell arm wird: Indem man versucht, schnell reich zu werden." Der 1999 verstorbene US-Journalist André Kostolany erwarb sich seinen Ruf als Börsen- und Finanzguru durch seine Tätigkeit als Vortragsredner sowie Autor von Büchern und Zeitungskolumnen – in erster Linie aber mit seinen legendär gewordenen Weisheiten für Privatanleger.

Ein weiterer seiner berühmten Ratschläge lautet, dass sich Anleger ein paar internationale Standardaktien kaufen, anschließend Schlaftabletten nehmen und die Aktien nicht mehr anschauen sollten. Nach vielen Jahren, so Kostolanys Überzeugung, werde sich herausstellen, dass man ohne sich anzustrengen reich geworden sei.

EINIGE DER SCHLECHTESTEN IDEEN ALLER ZEITEN

Die Historie ist voll absurder Investmentideen. Hier ein paar davon. Wir können bei solchen Spielchen nur verlieren.

Tulpenmanie

In den 1630er Jahren bezahlten Niederländer immer absurdere Preise für Tulpen. Irgendwann fiel auf: Es ist nur eine Blume. Die Folge: Preisrutsch und Ruin.

Pyramidensystem

Auch Schneeballsystem genannt. Benötigt stetig neue Teilnehmer, damit die Initiatoren an der Spitze gewinnen. Der Rest verliert. In Deutschland verboten.

Dotcom-Blase

1999: Unternehmen haben eine Webseite, auf „.com"? Das muss die Zukunft sein! Im März 2000 fiel auf: Die Firmen sollten auch irgendetwas produzieren …

Non-Fungible Token (NFT)

Wohin mit all dem Geld? Pixelige Affen- und Alienköpfe kaufen! Bestimmt wird jemand bald das Doppelte dafür zahlen. Was kann schon schiefgehen? Eine Menge.

Krypto-Handel

Vielleicht sind Bitcoin & Co. die Zukunft? Die Handelsplattform FTX ist es zumindest nicht. Die Bilanz: Insolvenz und veruntreute Kundengelder in Milliardenhöhe.

Meme-Aktien

Plus 800 % plus in drei Tagen? Ja, und minus 99 % am Tag darauf. Hier kann man sich nur das Geld und die Finger verbrennen. Lieber fleißig den ETF besparen.

Mit dieser Empfehlung fasste er eine der wichtigsten Strategien zusammen – die des Kaufens und Haltens. Aufgrund der überschaubaren Zahl an Transaktionen bringt dieses Vorgehen zwar Banken und Vermittlern vergleichsweise wenig Provision, führt jedoch im Lauf der Zeit auf Anlegerseite zu ansehnlichen Renditen.

Die Warnung vor schnellem Reichtum verweist wie der Ratschlag mit den Schlaftabletten auf die Bedeutung des Faktors Zeit an der Börse. Diesen haben wir in diesem Buch bereits im Kapitel zum Pantoffel-Portfolio (ab S. 98) gewürdigt – doch man kann es gar nicht oft genug tun. Kostolany warnte in seiner kauzig-humorvollen Art davor, den Weg zum Vermögen abkürzen zu wollen.

Was passieren kann, wenn man nicht einfach auf das vermeintlich schnellste Pferd setzt, sondern sich von Geschichten über ein nie dagewesenes Wunder-Ross blenden lässt, zeigen zwei Beispiele aus der jüngeren Vergangenheit: So ließ die Insolvenz des zuvor gehypten Windkraftspezialisten Prokon GmbH aus Itzehoe 2014 insgesamt 75 000 geschädigte Kleinanleger zurück. Sie hatten 1,4 Milliarden Euro in mit bis zu 8 Prozent verzinste Genussscheine investiert.

GENUSSSCHEIN: Ein Genussschein ist eine Schuldverschreibung, die ein Unternehmen herausgibt, um sich zu finanzieren. Er ist ein Mittelding zwischen Aktie und Anleihe. Wer ihn erwirbt, hat Anspruch auf Rückzahlung des investierten Geldes („Nominalwert"), aber kein Stimmrecht, wie etwa Aktionäre. Die Verzinsung erfolgt meist über einen Aufschlag auf den Kurs der Papiere.

In vielen vergleichbaren Fällen verschwand der Anbieter im Zuge des Insolvenzverfahrens vom Markt. Nicht so Prokon: Mit Zustimmung der Gläubiger wurde die Firma in eine Genossenschaft umgewandelt. Auf diese Weise waren Kleinanleger nicht gezwungen, ihr Geld abzuschreiben – sie konnten als Genossen eine neue Anleihe kaufen und Prokon helfen, mittelfristig wieder Geld zu verdienen.

Beispiel zwei: Im Jahr 2018 kollabierte die P & R-Gruppe aus Grünwald bei München. Damals standen sogar 3,5 Milliarden Euro auf der Kippe, investiert von rund 56 000 Anlegern. Diese hatten ihr Geld in Schiffscontainer investiert, die – wie sich später herausstellte – nur zum Teil wirklich existierten. Im Verlauf des noch immer laufenden Insolvenzverfahrens erhielten Anleger bislang einen geringen Teil ihres Geldes in zwei Raten zurück. Wie hoch die Insolvenzquote am Ende insgesamt sein wird, steht noch nicht fest.

Geheimtipps und technische Analysen: Schlauer als alle anderen?

Der Glaube, man könne den Lauf der Börsen vorhersagen wie das Wetter, ist so alt wie der Berufsstand der Spekulanten. Auch heute ist die Nachfrage nach verlässlichen Prognosen ungebrochen – und clevere Geschäftemacher verdienen prächtig daran, Menschen ihre Voraussagen aufzutischen. Dabei handelt es sich mal um seriöse Abwägungen, dann wieder um horoskopartige Sterndeuterei.

Wer die Szene beobachtet, gewinnt den Eindruck, dass oft vor allem Kapital aus dem Unwissen der Anleger geschlagen werden soll. Insider-Tipps und Anlegertricks müssen nur möglichst wissenschaftlich und exklusiv daherkommen, dann finden sich schon Abnehmer. Manch naiver Kunde geht wahrscheinlich sogar davon aus, dass ein hoher Preis für einen Börsenbrief oder einen Newsletter für die Qualität des Inhalts bürge. Das ist jedoch mitnichten der Fall.

Gute unterscheiden sich von schlechten Informationen vor allem dadurch, dass Erstere auf Fakten basieren und Letztere auf Annahmen – also Spekulationen – und persönlichen Meinungen.

Hier eine unvollständige Auswahl an Berufszweigen, die dem Sammeln und Verbreiten von Informationen und Prognosen zum Thema Geldanlage und Börsenentwicklung gewidmet sind.

1 FUNDAMENTAL-ANALYSE: Mittels Geschäftsberichten, Bilanzen, Gewinn- und Verlustrechnungen untersuchen Analysten Unternehmen – immer auf der Suche nach validen Zahlen und Daten. Daraus leiten sie Kennzahlen ab, die sich mit denen ähnlicher Unternehmen vergleichen lassen. Auf dieser Basis errechnen sie einen „angemessenen" Börsenkurs und geben eine persönliche Empfehlung zu Kauf, Halten oder Verkaufen eines Wertpapiers. Wichtig dabei: Andere Analysten könnten (vielleicht einen Monat) später zu ganz anderen Einschätzungen gelangen.

2 CHART-ANALYSE: Von Doppelboden über Keil und Dreieck bis zu Schulter-Kopf-Schulter – es gibt Bezeichnungen für fast alle Chartformationen. Sie haben nur Bahnhof verstanden? Macht nichts, denn in die Chartanalyse sollten wir uns weder selbst vertiefen noch den diesbezüglichen Prognosen allzu große Beachtung schenken. Aus vergangenen Kursverläufen von Wertpapieren, Rohstoffen und Devisen auf deren künftige Entwicklung zu schließen und konkrete Kauf- und Verkaufszeitpunkte zu treffen, baut auf der Überzeugung auf, dass sich Menschen unter vergleichbaren Umständen stets gleich verhalten. Es gibt jedoch keine Studien, die einen solchen Beweis erbringen. Historisch gesehen gibt es zudem keine wirklich vergleichbaren Umstände: dafür sind wirtschaftliche und politische Entwicklungen und Verflechtungen viel zu komplex. Letztlich sollen angebliche Muster nur zu Aktionen verleiten, die uns mit einem monatlichen Sparplan gar nicht interessieren sollten.

3 BÖRSENGURUS: Sie heißen Warren Buffett, Peter Lynch oder George Soros und haben über einen längeren Zeitraum mehr oder weniger viel Geld mit ihren Investments verdient. Während sich die Urgesteine der Branche eher auf launige TV-Auftritte, unterhaltsame Vorträge oder das Schreiben von Büchern beschränkten, versuchen folgende Generationen von Börsengurus offensiver, ihre eigene Popularität zu versilbern. Sie versprechen Insider-Informationen, richten Musterdepots zum Nachahmen ein, und bieten all das in Form von Börsennachrichten, Geldanlage-Newslettern oder Anleger-Hotlines an. Gegen gutes Geld, versteht sich.

4 AKTIV GEMANAGTE FONDS: Einem Börsenindex wie dem MSCI World oder dem Dax passiv folgen mit ETF – das kann ja nicht alles sein, behaupten Anbieter aktiv gemanagter Fonds. Das Versprechen: Statt den ganzen Korb zu kaufen, würden die Nieten aussortiert und nur die Unternehmen ausgewählt, die wirklich Potenzial haben. Jedoch zeigen Untersuchungen wie die groß angelegte SPIVA-Studie („S&P Indices Versus Active Funds"), dass schon nach fünf Jahren die meisten aktiv gemanagten Fonds hinter ihrem Vergleichsindex zurückbleiben. Nach zehn Jahren liegt die Chance, dass der Index besser abschneidet, sogar bei über 90 Prozent.

Fazit: Prognosen sind schwierig, insbesondere wenn sie die Zukunft betreffen. Ob der Satz nun von Winston Churchill, George Bernard Shaw oder Mark Twain stammt, sei dahingestellt. Wenn jemand das Patentrezept hätte und Börsenkurse exakt vorhersagen könnte, dann würde dieser Jemand sicherlich nicht an einem Computerdisplay Kurven analysieren oder Menschen zum Kauf bestimmter Aktien animieren wollen, sondern läge längst als Milliardär auf einer Hängematte an irgendeinem einsamen Strand dieser Welt.

Verschwenden wir also unsere Lebenszeit nicht mit Hellseherei und Hokuspokus – konzentrieren wir uns darauf, jeden Monat die festgelegte Summe in unseren Sparplan einzuzahlen – und warten wir ab. Denn wir wissen: Unser bester Verbündeter ist die Zeit.

Attraktive Renditen abseits ausgetretener Pfade? Zocken Sie doch gleich im Kasino

Wie wäre es mit einer Investmentidee der Deutschen Gemeinschaft für Anleger- und Datenschutz e.V.? Oder einem Training für den Handel mit Währungen und Kryptowerten von der in New York ansässigen International Markets Live Inc.? Klingt seriös? Ist es aber nicht. Beide Firmen – und noch viele weitere – stehen auf der Warnliste von Finanztest, kostenlos zu beziehen auf test.de unter dem Suchbegriff „Grauer Kapitalmarkt".

Der Begriff bezeichnet Anbieter und Anlageprodukte, die nicht der Kontrolle durch die Bundesanstalt für Finanzdienstleistungen (Bafin) unterliegen. Diese ist lediglich verpflichtet, Verkaufsprospekte nach formalen Kriterien zu bewerten. Ob eine Geldanlage Gewinne erzielen kann, wird dagegen nicht geprüft. Viele Angebote verlagern das Anlagerisiko einseitig auf den Käufer. Dieser bleibt im Pleitefall auf seinen Verlusten sitzen.

Das bedeutet: Die Finanzaufsicht prüft nicht, wie seriös und zahlungskräftig der Anbieter einer Geldanlage ist. Ebenso wenig nimmt sie dessen Geschäftsmodell unter die Lupe. Das ist in aller Regel mit einem erhöhten Risiko für den Käufer verbunden.

VERTRIEBSSTOPP GEFORDERT: Eine Studie des Verbraucherzentrale Bundesverbandes (vzbv) über die zehn größten Anbieter am Grauen Kapitalmarkt kam 2022 zu drastischen Ergebnissen. Demnach zeichnen sich Produkte durch enorme Verlustrisiken, mangelnde Transparenz und die mitunter kaum vorhandene Möglichkeit aus, diese wieder zu verkaufen. Der vzbv forderte ein grundlegendes Vertriebsverbot solcher Angebote durch Banken, Sparkassen und Anlagevermittler.

Noch einmal, weil es so wichtig ist: Sinkt der Wert einer Geldanlage oder will sie ein Käufer aus anderen Gründen wieder loswerden, ist ein Verkauf oft nicht möglich. Die meisten „grauen" Wertpapiere nehmen nicht an einem geregelten Handel, etwa an der Börse, teil. Geht der Anbieter pleite, ist das Geld im schlimmsten Fall verloren. Wird man über seine Anlage zum stillen Gesellschafter einer Firma, droht sogar eine Nachschusspflicht – Anleger müssen zusätzliches Geld einzahlen, damit Gläubiger bedient werden können.

Was so nachvollziehbar klingt, lässt sich in der Praxis zuweilen schwer durchschauen, denn nicht immer werden Produkte adäquat erläutert und Risiken offengelegt. Viele Verkäufer – seien es Mitarbeiter von Banken und Sparkassen, Finanzvermittler oder Vertriebsmitarbeiter der Anbieter – tragen gern dick auf und schildern lediglich Vorteile, um Interessenten zum Vertragsabschluss zu bewegen.

KONTROLLE IST BESSER: Wer nicht versteht, in was er investieren soll, sollte keinen Vertrag unterschreiben. Konsultieren Sie neben dem Verkaufsprospekt des Anbieters das Produktinformationsblatt (VIB). Lesen Sie sich die Passagen zu Anlagerisiko, Strategie sowie Verwendung der Mittel durch. Je komplexer das Produkt, desto wichtiger ist ein Gespräch mit einem Anlageberater, der unter Aufsicht der Bafin steht.

Kleines Einmaleins für den Grauen Kapitalmarkt: Multiplikation mit null

Die Regel ist ganz einfach: Finger weg. Moment, denken Sie jetzt vielleicht. Ihr Schwager hat doch aber ... Und auf diesem YouTube-Kanal sagte diese Influencerin, dass ... Aber jetzt haben Sie dieses Buch in den Händen. Und das Buch sagt: Finger weg.

Ohne jemanden bevormunden zu wollen – Otto Normalanlegern bringt es nichts, sich den Prospekt einer hochkomplexen Anlage durchzulesen. Auch das ausführliche Gespräch mit der Partnerin, dem Partner oder einem guten Freund ist in aller Regel vertane Zeit.

HINTERFRAGEN SIE VERLOCKENDE ANGEBOTE

Bei folgenden Verkaufsstrategien sollten Sie hellhörig werden und besser einen Rückzieher machen.

SENSATIONELLE RENDITE

Lockt der Verkäufer mit Zinsen oder einer Rendite, die erheblich über dem aktuellen Marktniveau liegen? Geht es um einen angeblichen Trick oder ein Schlupfloch, dass er vorgibt, entdeckt zu haben? In solchen Fällen sollten die Alarmglocken schrillen! Fragen Sie sich (und ihn!), warum gerade Sie in den Genuss dieser traumhaften Konditionen kommen sollten?

MAXIMALE SICHERHEIT

Wirbt der Anbieter mit einer extrem hohen oder sogar absoluten Sicherheit der Geldanlage – und handelt es sich nicht um eine herkömmliche Zinsanlage wie Fest- oder Tagesgeld? Dann ist Vorsicht geboten: Viele solcher Investments sind in Wahrheit hochriskant – oder von vornherein so angelegt, dass Anlegerinnen und Anleger ihr Geld nie wieder sehen. Fragen Sie auf jeden Fall nach, um was für eine Art Anlage es sich handelt!

POSITIVER DEUTUNGSRAHMEN

Versucht der Verkäufer, Ihnen mit der angebotenen Geldanlage auch gleich den passenden Deutungsrahmen zu liefern? Bemüht er sich zum Beispiel, Ihre Anlageentscheidung mithilfe positiv besetzter Begriffe („moderne Technologie", „zukunftssicher") oder mithilfe ethisch-moralischer Argumente („klimafreundliche Geldanlage", „grüne Sachwerte") zu befördern? Fragen Sie kritisch nach – auch Geldanlagen mit ökologischem Hintergrund wie zum Beispiel Beteiligungen am Bau von Solar- oder Windparks sowie Biogasanlagen, können riskant sein, wenn es sich etwa um Genussscheine oder geschlossene Investmentfonds handelt.

HOHER ZEITDRUCK

Sollen Sie sich möglichst schnell für ein Investment entscheiden, da die perfekte Gelegenheit sonst aus dem einen oder anderen Grund für Sie verstreichen würde? Sie können dann nachfragen, warum und wie schnell – sollten aber eigentlich die Finger davon lassen. Seriöse Anlagevermittler bauen keinen Zeitdruck auf.

UNDURCHSICHTIGER AUSSTIEG

Ist Ihnen unklar, wann und wie Sie Ihr angelegtes Geld zurückbekommen? Läuft der Vertrag über mehrere Jahre ohne die Möglichkeit einer vorzeitigen Kündigung? Klären Sie ab, welche Rückzahlung Sie am Ende der Laufzeit definitiv bekommen und ob sich diese automatisch verlängert, falls Sie nicht fristgemäß kündigen. Schließen Sie Verträge über mehrere Jahre grundsätzlich nur dann ab, wenn Sie keinerlei Zweifel daran haben, dass der Anbieter seriös ist.

Den meisten Privatanlegern fehlt schlicht die Expertise, um das Risiko einer unregulierten Geldanlage auch nur Ansatzweise zu er-messen. Sie sind gezwungen, darauf zu vertrauen, dass die Anlage seriös ist. Am Grauen Kapitalmarkt ist jedoch nicht Ver- sondern Misstrauen oberstes Gebot.

Wer im Begriff ist, ein hochriskantes Finanzprodukt quasi unbesehen zu kaufen, der sollte sich fragen, ob er Fremden auch seinen Autoschlüssel oder seine Kreditkarten-PIN aushändigen würde, wenn sie versprächen, ihm am nächsten Tag zwei Autos zurückzuge-ben oder sein Guthaben zu verdoppeln. Absurd, oder? Und dennoch schalten wir manchmal unser Gehirn aus und glauben an das Mär-chen von der wundersamen Geldvermehrung.

Wir verstehen es oft selbst nicht, dass wir als halbwegs infor-mierte Zeitgenossen überhaupt Gefahr laufen, auf angebliche nige-rianische Prinzen in Geldnot, hochzeitswillige Bachelors oder gefak-te Anwaltsschreiben hereinzufallen. Doch es ist das alte Lied: So-bald Emotionen wie Gier und Mitleid ins Spiel kommen, sind wir al-les – nur nicht die abgebrühten, rational denkenden und kritischen Durchblicker, als die wir uns gern sehen.

Verkäufer hingegen sind darin geschult, selbst Skeptikern den Wind aus den Segeln zu nehmen. In den 90ern wurde so Hundert-tausenden Anlegerinnen und Anlegern, die eigentlich nur eine Altersvorsorge abschließen wollten, eine hochriskante sogenannte „atypisch stille Beteiligung" bei der Göttinger Gruppe angedreht. Als die insolvent wurde, war das Geld weg.

Der springende Punkt: Hat man einmal angebissen und Geld überwiesen, gibt es meist kein Zurück mehr. Bleiben irgendwann die Erträge aus, ist der Anbieter in vielen Fällen nicht mehr erreichbar, spurlos verschwunden oder einfach nur pleite. Dann ist der Ärger groß und man beißt sich in den Allerwertesten – jedoch zu spät.

Nur wer großes Glück hat oder die Nerven, sich jahrelang mit juristischen Mitteln durch die Instanzen zu klagen, hat die Chance, wenigstens einen Teil seines Geldes zurückzubekommen. Eine um-fassende Entschädigung in voller Höhe scheitert jedoch meist an der geringen Insolvenzmasse – oder an Gerichten, die Anlegern am En-de eines langen und aufreibenden Weges bescheinigen, dass ihre Ansprüche nachrangig oder inzwischen verjährt sind.

Zurück bleiben die windigen Verkäufer mit ihren oft üppigen Provisionen und jede Menge Pechvögel. Mit großen Hoffnungen gelockt, gehen sie am Ende leer aus und sind um eine teure Erfah-rung reicher.

Reich werden mit Lotto oder Sportwetten? Fast immer ein Eigentor

Ein Schuss, ein Tor, schon rollt der Rubel – wenn man den Torschützen und / oder den Zeitpunkt richtig getippt hat. Keine ganz kleine Hürde, und doch glauben Millionen Fußballbegeisterte, dass sie den Faktor Glück dank ihres Fachwissens über Sportler, Teams und Ligen minimieren können. Wir ahnen es – eine kognitive Verzerrung.

IRRTÜMER BEIM WETTEN: Emotionen verhindern eine objektive Risikobewertung – wer auf seinen Lieblingsverein setzt, wird eher tippen, dass dieser das Spiel gewinnt. Frustration und Wut führen oft zu spontanen und riskanten Versuchen, Verluste sofort wieder auszugleichen. Schließlich neigen wir dazu, auf Basis von Informationen zu handeln, die unsere Einstellungen stützen.

Auch auf Basket- und American Football, Tennis, Rugby, Radsport und Co. lässt sich heute ohne großen Aufwand wetten – genauso wie auf den Ausgang von Autorennen, Cricketspielen und Dart-Meisterschaften. Saß man früher bei Pferderennen mit Papierlos auf der Tribüne, genügt dafür heute die App auf dem Smartphone.

Auch sonst ist die Schwelle niedrig: Online-Wettbüros sind 24 / 7 geöffnet, bieten permanent neue Events an und öffnen die Tür zu anderen Online-Glücksspielen wie Poker, Roulette und Black Jack.

Was trotz aller Bemühungen der Branche um Transparenz und Seriosität bleibt, ist die Tatsache, dass es sich bei Sportwetten um ein Glücksspiel mit hohem Verlustrisiko handelt – und nicht zu unterschätzendem Suchtpotenzial. Statistiken zufolge sind bis zu 20 Prozent der Ratsuchenden bei Beratungsstellen in Sportwetten aktiv.

Auch wenn Wett-Profis unterm Strich sicherlich öfter und mehr gewinnen als Anfänger und Gelegenheits-Spieler – mit Sportwetten reich zu werden, ist sehr unwahrscheinlich und hat mit einem planvollen Vermögensaufbau nicht das Geringste zu tun.

Letzteres gilt für sämtliche Varianten des Online-Glücksspiels. So ist es wahrscheinlicher, bei einem Flugzeugabsturz ums Leben zu kommen, vom Blitz getroffen oder mit sechs Fingern geboren zu werden, als einen Sechser im Lotto zu haben.

Geld vermehrt sich – aber nicht über Nacht

Wenn alle Erfolgstypen reich wären, bräuchten sie keine Nachahmer

Schneller Reichtum wird immer öfter über Werbevideos im Internet versprochen. In der Regel ist darin ein jüngerer, gut aussehender Mann zu sehen, der ein paar teure Statussymbole vorführt – etwa eine Schweizer Uhr, einen Sportwagen oder eine Motorjacht.

Dazu wird dann häufig gelogen, dass sich die Balken biegen: Sein Geld, behauptet der Mann etwa, habe er erworben, ohne viel arbeiten zu müssen. Es sei praktisch „zu ihm gekommen". In anderen Fällen werden Promis erfundene Aussagen in den Mund gelegt, wonach diese mit Geldanlage XY hohe Gewinne erzielt haben.

Am besten, wir vergessen all das sofort wieder. Diese Art von Reichtum könnte uns allenfalls ein Sechser im Lotto bescheren – Erfolgswahrscheinlichkeit siehe oben. Darüber hinaus gibt es nicht den einen Anlagetipp oder das Geheimwissen, das uns das erträumte Geld bescheren würde. Geldanlage und Vermögensaufbau beruhen auf langfristiger Strategie – nicht auf leichtfertiger Spekulation.

Hier einige Beispiele für potenziell gefährliche Szenarien:

1 PERSÖNLICHE EMPFEHLUNGEN: Eine Auswertung der Verbraucherzentralen von 358 Beratungsgesprächen zu Schadensfällen im grauen Kapitalmarkt zwischen September 2016 und Februar 2017 ergab: In 70 Prozent der Fälle führten persönliche Verbindungen zum Vertragsabschluss. In drei Vierteln der Fälle beteiligten sich Anleger über lange Jahre an riskanten geschlossenen Fonds. Auch wenn's schwerfällt: Lassen Sie sich nicht von Verwandten, Freunden oder Kollegen in dubiose Geldanlagen hinein quatschen.

2 KRYPTOWÄHRUNGEN: Vielleicht werden sich Bitcoin oder Ethereum als Anlageklasse etablieren, vielleicht nicht. Ganz sicher aber bergen sie – und noch viel mehr die unzähligen Spaß-Coins – ein enorm hohes Risiko, bis zum Totalverlust. Dasselbe gilt für sogenannte Rechte auf Vermögenswerte („Security Tokens"). Oft handelt es sich dabei um Rechte an nachrangigen Schuldverschreibungen, sodass Privatanleger im Pleitefall schlechte Karten haben. Klicken Sie Internet-Werbung dazu am besten rigoros weg und reagieren Sie nicht auf Werbe-Mails.

3 **FAKE-PROMI-BETRÜGEREIEN:** Mit Traumrenditen werben auch angebliche Handelsplattformen im Internet und auf Social Media. Als unfreiwillige Zugpferde dienen häufig Prominente aus TV-Sendungen wie „Höhle der Löwen". Die Gewinne entstehen angeblich durch den Handel mit Differenzialkontrakten (CFD), binären Optionen sowie Währungen und Kryptowährungen. Wer sich auf die Masche einlässt, wird freundschaftlich zum Einzahlen immer höherer Beträge gedrängt – die meist spurlos verschwinden.

4 **CROWDFUNDING:** Bei Schwarmfinanzierungen investieren viele Anleger vergleichsweise geringe Beträge in Unternehmen oder Projekte, die ihnen eine Internet-Plattform vermittelt. Ist das Projekt abgeschlossen, erhalten sie das geliehene Geld samt Zinsen zurück. In der Praxis tragen Investoren hohe Risiken, haben jedoch keine Mitspracherechte. Oft verzögern sich Rückzahlungen oder der Vermittler geht pleite. Dann ist das Geld oft sogar verloren.

Rich dad, rich kids – warum Reiche reich sind (und bleiben)

Wer hart genug arbeitet und an sich glaubt, schafft irgendwann den Sprung an die Spitze. Klingt toll und klappt auch manchmal. Doch die Hürden für den Aufstieg sind hoch.

Soziale Mobilität nennt man den Wechsel in eine andere ökonomische Gesellschaftsschicht – und wir reden hier nicht vom Abstieg. Der droht immer, wenn sich im Leben einschneidende Dinge der unerwünschten Art ereignen: Krankheit, Scheidung, Jobverlust.

Wer es im Leben nicht so gut getroffen hat, wünscht sich, dass es für ihn selbst und seine Kinder nach oben geht. Ohne Frage ist ein Aufstieg heute leichter möglich als in der Ständegesellschaft des

Mittelalters oder selbst noch vor 100 Jahren. Theoretisch kann jedes Arbeiterkind später Dax-Vorstand oder Chemie-Nobelpreisträger werden. Zwischen Theorie und Praxis stehen jedoch hohe Hürden. Diese bremsen vor allem sozial Schwächere, aber auch Angehörige der Mittelschicht. Reiche Menschen besetzen dagegen einen Großteil der Top- und Entscheiderpositionen.

Peer-Group Deutschland: Wie geht's eigentlich den unteren 90 Prozent?

Eine Untersuchung der Deutschen Bundesbank belegt, dass die Privatvermögen in Deutschland zuletzt stark gestiegen sind. Obendrein wurde die Schere zwischen Arm und Reich durch die Corona-Pandemie etwas schmaler. Gründe dafür sind die höheren Sparanstrengungen weniger begüterter Menschen und die zeitweise stark eingeschränkten Möglichkeiten, Geld auszugeben.

Dennoch ist Vermögen in Deutschland weiterhin ungleicher verteilt als in anderen Ländern: Die 19 Prozent der reichsten Haushalte besaßen 2021 immerhin 56 Prozent des gesamten Nettovermögens. Die untere Hälfte muss sich mit ganzen 3 Prozent begnügen.

WAS DER MEDIAN VERRÄT: Statistisch verfügte 2021 jeder Privathaushalt über ein Nettovermögen von 316 000 Euro und damit 83 600 Euro mehr als noch 2017. Da der Reichtum weniger und die hohen Immobilienwerte das Bild verzerren, blicken Fachleute eher auf den sogenannten Medianwert. Dieser teilt alle Haushalte in eine ärmere und eine reichere Hälfte. Zwar stieg auch der Median seit 2017 – von 70 800 auf 106 600 Euro. Dennoch ist er deutlich geringer als in Ländern wie Italien und Spanien mit 150 800 beziehungsweise 122 000 Euro.

Da sich die Untersuchung der Bundesbank auf das Corona-Jahr 2021 bezieht, sind Entwicklungen seit Beginn des russischen Überfalls auf die Ukraine noch nicht berücksichtigt – weder die in vielen Bereichen rapide gestiegenen Preise noch die höheren Zinsen.

Altes Geld, neuer Besitzer:
Die meisten Vermögen
werden vererbt

Um zu den reichsten 10 Prozent in Deutschland zu gehören, musste man 2021 ein Nettovermögen von 725 900 Euro sein Eigen nennen. Die wenigsten Menschen erwerben ein derart hohes Vermögen aus eigener Kraft. Der größte Teil bekommt es von seinen Eltern oder anderen Verwandten vererbt oder geschenkt.

> **ERBEN IN DEUTSCHLAND: Laut Deutschem Institut für Altersvorsorge (DIA) werden in Deutschland zwischen 2015 und 2024 fast 3,1 Billionen Euro vererbt – davon über 1,4 Billionen als Bargeld, Bankguthaben und Wertpapiere, knapp 1,3 Billionen in Form von Immobilien und 0,34 Billionen in Sachwerten wie Schmuck und Möbel.**

Zwar wächst die Anzahl der Menschen, die durch Erbschaft oder Schenkung reich werden, indem sie etwa das Unternehmen oder die Immobilie ihrer Eltern überschrieben bekommen. Richtig ist auch, dass die Höhe einer durchschnittlichen Schenkung oder Erbschaft in den vergangenen Jahren deutlich gestiegen ist. Lag diese nach Angaben des Deutschen Instituts für Wirtschaftsforschung (DIW) zwischen 1986 und 2001 inflationsbereinigt noch bei 72 500 Euro, konnten sich Begünstigte zwischen 2002 und 2017 über durchschnittlich 85 000 Euro freuen.

Ein genauerer Blick zeigt jedoch, dass auch die Erbschaften höchst ungleich verteilt sind. Zum einen erben vor allem jene Menschen, die aufgrund von Einkommen und Vermögen ohnehin bereits zum wohlhabenden Teil der Bevölkerung zählen. Die oberen 10 Prozent erhalten dabei fast genauso viel wie die unteren 90 Prozent.

Zudem profitieren Menschen auch regional höchst unterschiedlich von Vermögen und Erbschaften. Während das durchschnittliche Nettovermögen in Ostdeutschland bei 55 000 Euro liegt und dort im Schnitt 52 000 Euro vererbt und 58 000 Euro verschenkt werden, liegen die entsprechenden Werte im Westen der Republik bei 121 000, 92 000 und 94 000 Euro – also fast beim Doppelten.

Selbst wenn man bedenkt, dass sich in der Regel mehrere Erbinnen und Erben den Nachlass teilen, springt für viele noch ein

WER REICH IST, ERBT MEHR

Es gibt viel zu erben,
aber der Wohlstand in Deutschland
ist alles andere als gleichmäßig verteilt.

GELDVERMÖGEN

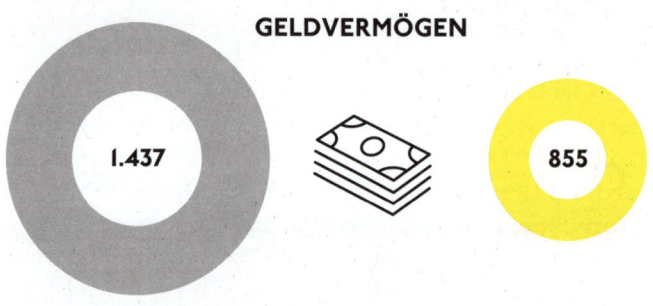

1.437   855

IMMOBILIEN

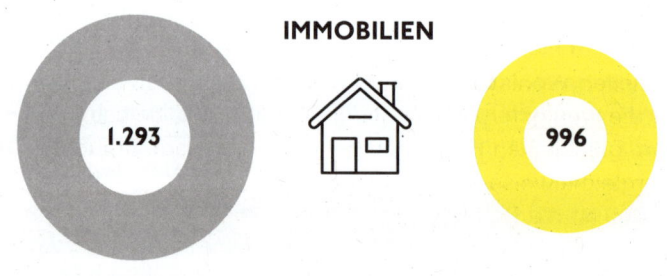

1.293   996

SACHVERMÖGEN

337   200

■ Prognose zum Erbschaftsvolumen in Milliarden Euro in Deutschland von 2015 bis 2024

■ Gleiche Prognose – ohne die 2 Prozent der einkommensstärksten Haushalte

Quelle: repräsentative Umfrage des Instituts für Demoskopie Allensbach zum Thema
„Erben und Vererben", 2018. Stichprobengröße: 1700 Bundesbürger ab 16 Jahren

hübsches Sümmchen heraus. Wer es nicht nutzt, um zu konsumieren oder Schulden zu tilgen, kann damit dem eigenen Vermögen auf die Sprünge helfen. Diese Möglichkeit scheidet übrigens bei jeder achten Erbschaft definitiv aus: In immerhin 13 Prozent der Fälle vererbt der oder die Verschiedene gar nichts – oder sogar Schulden.

Halten wir fest: Der Löwenanteil der Reichen in Deutschland erwirbt seinen Reichtum nicht mit seiner Hände Arbeit, sondern bekommt ihn vererbt oder geschenkt. Wer nicht derart privilegiert ist, muss das Projekt „Finanzielle Freiheit" wohl oder übel aus eigener Kraft bewerkstelligen. Führt es zum gewünschten Ziel – und dabei soll dieses Buch helfen – macht der selbst erarbeitete Erfolg einen viel zufriedener, als es eine Erbschaft je könnte.

Chancengleichheit – und warum davon noch immer keine Rede sein kann

Machen wir uns nichts vor: Selbst, wenn man Erbschaften außen vor ließe – nicht jede und jeder in Deutschland hat dieselbe Chance auf finanziellen Wohlstand. Echten Reichtum schaffen aus eigener Kraft nur die wenigsten. Neben jeder Menge Fleiß, Selbstdisziplin und einem glücklichen Händchen bei der Geldanlage braucht es dafür ein vergleichsweise fürstliches Einkommen.

Dagegen ist die Behauptung, man müsse sich nur „genügend anstrengen" und „es auch wollen" längst widerlegt. Vorgetragen wird sie oft von Menschen, die sich eigenem Bekunden nach seit frühester Jugend „hochgearbeitet" haben, sich für „keine Arbeit zu schade" waren – und dabei allzu gern die glänzenden Verbindungen von Papa und das nicht ganz unerhebliche Startkapital der seligen Großtante vergessen.

Abgesehen davon, dass von der angeblichen Chancengleichheit bereits in der Zeit des Wirtschaftswunders, den 1950er und 1960er Jahren, fast ausschließlich Männer profitierten, deren Frauen wirtschaftlich von ihnen abhängig waren und deren Kinder sie kaum kannten – mit dem schwindenden Prestige körperlicher Arbeit, der fortschreitenden Globalisierung und der Ausweitung des Niedriglohnsektors seit Anfang des Jahrtausends ist diese Erzählung endgültig passé. Insbesondere aus prekären Verhältnissen stammende, alleinerziehende sowie zugewanderte Menschen können ein Lied von ungleichen Chancen und Diskriminierung singen.

Noch immer entscheidet in Deutschland insbesondere der Bildungsgrad der Eltern darüber, wie die eigene Entwicklung verläuft – und damit auch darüber, wie es um die eigenen Aufstiegschancen bestellt ist. Haben die Eltern einen akademischen Abschluss, ist die Wahrscheinlichkeit deutlich höher, dass auch ihre Kinder eine Hochschule oder Universität besuchen.

Doch selbst ein erstklassiges Examen ist keine Garantie, um sich später in einem überdurchschnittlich gut bezahlten Job mit entsprechenden Aufstiegschancen wiederzufinden. Nicht nur, dass die Nachfolger für absolute Top-Jobs – beispielsweise für Vorstandsposten in Dax-Unternehmen – zumeist aus einem überschaubaren Netzwerk privilegierter Eliten rekrutiert werden. Auch viele andere hoch dotierte Jobs werden innerhalb vertraulicher Zirkel und nach bestimmten sozialen Merkmalen vergeben.

Entscheidend für die eigenen Entwicklungschancen ist auch der sozio-ökonomische Status – wie er etwa in den Berufen der Eltern sowie der Höhe ihres Einkommens und Vermögens Ausdruck findet.

Studien zufolge spielt die soziale Herkunft hierzulande noch immer eine deutlich wichtigere Rolle für beruflichen und finanziellen Erfolg als in anderen Ländern. Wer nicht die „richtigen" Eltern hat, nicht von Kindesbeinen an gezielte Förderung erfährt und sich keine schlecht- oder unbezahlten Praktika leisten kann, wird in der Folge nur schwerlich einen Job mit Spitzengehalt an Land ziehen können – und muss sich mit einem geringeren Einkommen begnügen.

Wer dagegen bereits früh mit den versteckten Codes der Eliten vertraut gemacht wird, zum Beispiel die richtige Kleidung trägt, über exzellente Manieren verfügt, exklusive Hobbys pflegt und ein akzentfreies Hochdeutsch spricht, dem stehen alle Türen offen.

ELITÄRE HOBBYS ZIEHEN: In einer 2016 publizierten US-Studie verschickten Forscher fiktive und mit Ausnahme der Hobbys identische Lebensläufe an renommierte Anwaltskanzleien. Im Ergebnis wurden 16 Prozent der Bewerber mit angeblichen Hobbys wie Segeln, Polo und klassische Musik zum Vorstellungsgespräch eingeladen, aber nur 1 Prozent der Jobsuchenden mit Hobbys, die weniger stark die Zugehörigkeit zu einer bestimmten sozialen Klasse signalisierten.

Der schöne Traum vom schnellen Geld

Keine Chance?
Wir machen
das Beste draus!

Keine Frage: In Deutschland aus eigener Kraft außergewöhnlich (erfolg-)reich zu werden, ist auch möglich, wenn man aus einfachen Verhältnissen stammt. Nur ist es ungleich schwerer, als mit einem goldenen Löffel im Mund geboren zu werden.

Die gute Nachricht: Um das erhebende Gefühl finanzieller Freiheit am eigenen Leib zu erfahren, brauchen die meisten von uns weder ein Jahreseinkommen noch Ersparnisse im siebenstelligen Bereich. Wir würden uns doch bereits bedeutend freier fühlen, wenn wir auch am Monatsende sorglos Geld ausgeben könnten, eine Mieterhöhung oder die nächste Energieabrechnung beruhigt zur Kenntnis nehmen und nachts ruhig schlafen, weil sich die Kreditraten fürs Eigenheim problemlos stemmen lassen.

Diese durchsichtige Barriere anzuerkennen heißt jedoch keineswegs, in den eigenen Ambitionen zurückzustecken oder sich keine persönlichen Ziele setzen zu wollen. Im Gegenteil: Es ist ein Plädoyer dafür, uns erst recht um unsere Finanzen zu kümmern, für uns selbst zu entscheiden, was finanzielle Freiheit bedeutet und wie viel Geld wir konkret benötigen, um sie zu verwirklichen.

Wie bereits erwähnt: Niemand wird wohlhabend, nur weil er positiv über Geld denkt, Geiz geil findet oder sich lange genug einredet, Luxus nun mal zum Leben zu brauchen.

Auch wenn manche Motivationscoaches etwas Anderes behaupten: Geld kommt selbst dann nicht automatisch zu einem, wenn man lange genug daran glaubt. Es gibt (mit allergrößter Wahrscheinlichkeit) kein „Gesetz der Anziehung", keine plötzliche Manifestation von Vermögen.

Hilfreich ist dagegen unser positives Money Mindset – unsere prinzipielle Offenheit gegenüber Geld und Geldanlage sowie die Bereitschaft, sich mit dem Thema zu beschäftigen. Das führt im Idealfall dazu, dass wir es nicht beim Denken, Hoffen und Wünschen belassen – sondern uns in die Lage versetzen, bewusst zu handeln und aus eigener Kraft fundierte Anlageentscheidungen zu treffen. Diese lassen unser Vermögen auf längere Sicht verlässlich wachsen – und verhelfen uns selbst zu mehr Glück, Zufriedenheit und finanzieller Freiheit.

GLÜCKLICH MIT MEHR GELD

Mehr Geld ist das eine – zufrieden sein das andere. Wer sein finanzielles Wohlbefinden steigern will, entwickelt im Umgang mit Geld gute Gewohnheiten – jenseits von Gier und Egoismus.

Geld als Stressfaktor? Braucht kein Mensch

Gute Gewohnheiten im Umgang mit Geld wirken sich positiv auf Psyche und Körper aus. Also: Lernen wir, was uns gut tut, und halten wir Stress so weit wie möglich auf Distanz.

Je bewusster wir mit Geld umgehen und je selbstbestimmter wir finanzielle Entscheidungen treffen, desto eher kann Geld zu einem verlässlichen und unterstützenden Faktor in unserem Leben werden. Das ist alles andere als eine Kleinigkeit, denn was wir unterbewusst immer schon ahnten, lässt sich zunehmend auch wissenschaftlich untermauern: Ein gutes Verhältnis zum Geld trägt erheblich zu unserer psychischen und physischen Gesundheit bei.

Nicht umsonst ist in den vergangenen Jahren der Begriff Financial Wellbeing in Mode gekommen. Dieses finanzielle Wohlbefinden – oft auch als finanzielle Gesundheit bezeichnet – lässt sich als oberstes Ziel unseres Denkens und Handelns in Sachen Geld begreifen. Es äußert sich in Stressfreiheit und guten Gefühlen wie Gelassenheit, Zuversicht und Selbstwirksamkeit. Diese wiederum wirken sich positiv auf unser sonstiges – mentales, nicht zuletzt aber auch unser körperliches – Wohlbefinden aus.

FINANZIELLES WOHLBEFINDEN: Der Begriff beschreibt den Zustand von Sicherheit und Zufriedenheit in Bezug auf die eigenen Finanzen. Dazu gehören Sparen, Ausgeben, Planen und Finanzieren. Gut geht es uns, wenn wir unseren aktuellen Verpflichtungen nachkommen können, in Bezug auf die Zukunft die richtigen Weichen gestellt haben und in der Lage sind, informierte und selbstbewusste finanzielle Entscheidungen zu treffen.

So stimmten 2021 in einer europäischen Studie der Think Forward Initiative (TFI) 58 Prozent der deutschen Befragten der Aussage zu, dass ihr allgemeines Wohlbefinden stark durch ihre finanzielle Gesundheit beeinflusst wird. Fast identisch war der Anteil derer, die einen signifikanten Einfluss von Geldangelegenheiten auf ihre emotionale Gesundheit bejahten, und immerhin 39 Prozent bestätigten dies in Bezug auf ihre körperliche Gesundheit.

Geht es uns dagegen finanziell nicht gut – und das ist keineswegs allein eine Frage des Kontostandes – belastet uns das seelisch und körperlich. Teilnehmende in der erwähnten Studie berichteten von Schlaflosigkeit, negativen Auswirkungen auf ihr soziales Leben und Konzentrationsstörungen. Als Stressfaktoren identifizierten sie unter anderem laufende Darlehen sowie anstehende Investitionsentscheidungen und die Sorge um ein stabiles Einkommen.

In den USA hat sich angesichts derartiger Befunde seit etwa zehn Jahren Financial Therapy als eigener Forschungszweig etabliert. Finanzielle Therapie – das klingt zunächst erklärungsbedürftig, kommt einem bei näherem Hinsehen jedoch folgerichtig vor. Wenn es Menschen gibt, die unter finanziellem Stress leiden, dann sollte es auch Wege geben, diese Menschen rational und emotional zu unterstützen. Die Finanztherapie kombiniert dafür Ansätze der Verhaltenstherapie mit solchen aus dem Finanz-Coaching.

Wir sind auf der Reise bereits ein gutes Stück vorangekommen

Ohne es explizit anzusprechen, haben wir uns in den vorangegangenen Kapiteln bereits eingehend mit den Grundlagen unseres finanziellen Wohlbefindens beschäftigt: der Arbeit an unserer Einstellung zu den Themen Geld und Geldanlage, dem Erwerb von fundiertem Finanzwissen und der Kontrolle über unsere Finanzen.

So haben wir in Kapitel 2 versucht, unseren Einstellungen zu Geld auf die Spur zu kommen. Diese gehen größtenteils auf frühe Prägungen durch Elternhaus und Umwelt sowie eigene Erlebnisse zurück. Wir haben gesehen, wie übersteigerte Vorsicht, irrationale Ängste und von anderen Menschen übernommene Denkstrukturen unseren finanziellen Erfolg behindern können – und nach Wegen gesucht, unsere Einstellungen zum Thema Geld von diesem Ballast zu befreien. Ziel war es, uns selbst zu ermächtigen, in Finanzangelegenheiten rationale und autonome Entscheidungen zu treffen.

In Kapitel 3 haben wir Instrumente kennengelernt, mit deren Hilfe wir den Überblick über unsere Finanzen gewinnen, die unser verfügbares Einkommen erhöhen und uns helfen, unsere Ausgaben zu senken. Dank unseres neuen Überblicks haben wir unsere Finanzen jetzt gut im Griff und können jeden Monat einen festen Betrag in den Vermögensaufbau investieren. Wie wir dabei Chancen und Risiken entsprechend unserer Einstellungen austarieren – darum ging es uns in Kapitel 4. Wie wir Fallen vermeiden, stand in Kapitel 5.

Je mehr wir finanziell mit uns selbst im Reinen sind, desto beruhigter können wir in die Zukunft blicken. Mit zunehmendem Alter wird es immer wichtiger, unser Geld gemäß unseren Wünschen und Überzeugungen zu verwenden und die Weichen für die Zukunft zu stellen. Je solider unsere finanzielle Basis und je größer unser Entscheidungsspielraum, desto größer unser finanzielles Wohlbefinden.

Etablieren wir schlaue Routinen für den täglichen Umgang mit Geld

Um uns finanziell wohlzufühlen, ist es unerlässlich, dass wir aus mentalen Einstellungen gute Gewohnheiten ableiten. Diese sparen Zeit und erleichtern uns das Leben. Mit ihrer Hilfe steigert unser Gehirn seine Effizienz. Es benötigt weniger Energie, wenn es Abkürzungen nutzt. Gute Gewohnheiten können simpel sein, etwa wenn wir wöchentlich unseren Kontostand prüfen oder grundsätzlich auf buy now pay later-Services verzichten.

WIE GEWOHNHEITEN ENTSTEHEN: Am Anfang jeder Gewohnheit steht eine bewusst ausgeführte Handlung, etwa das erstmalige Eintippen der PIN am Geldautomaten. Darauf folgt eine Belohnung – indem uns der Automat die gewünschte Menge Bargeld ausspuckt. Durch Wiederholen der Handlung bildet sich eine Gewohnheit heraus. Sie ist etabliert, wenn wir die PIN ohne darüber nachzudenken automatisch eintippen. Physiologisch gesehen ist die Signalverarbeitung dann von der Großhirnrinde in die Basalganglien gewandert.

Läuft unser Gehirn in diesem ressourcenschonenden Routinemodus, schüttet es körpereigene Opiate aus, die dafür sorgen, dass wir uns wohlfühlen. Gewohnheiten bringen es aber auch mit sich, dass sich viele Verhaltensweisen unserer bewussten Steuerung entziehen.

Anders gesagt: Routinen sind nicht automatisch sinnvoll. Wir führen viele davon aus, ohne groß darüber nachzudenken. Etwa weil wir etwas – warum auch immer – schon immer so machen oder aus reiner Gewohnheit dem Beispiel anderer folgen. Zudem hält uns unsere Trägheit davon ab, Routinen zu verändern. So hängen viele Menschen an Gewohnheiten, obwohl diese nicht (mehr) zu den eigenen Bedürfnissen passen. Hilfreich beim Aufspüren und Analysieren überflüssiger Geld-Gewohnheiten sind folgende beiden Strategien:

1 HANDLUNGSMUSTER ERKENNEN: Beobachten Sie sich eine Zeit lang in Bezug auf Ihren Umgang mit Finanzen, vor allem in heiklen Situationen. Welche Muster und wiederkehrenden Handlungen entdecken Sie? Packen Sie Probleme sofort an oder schieben Sie sie in die Zukunft? Begleichen Sie Rechnungen möglichst zügig oder nehmen Sie Zahlungserinnerungen, Mahnbriefe und Gebühren in Kauf? Können Sie Spam-E-Mails von Betrügern von echten Nachrichten Ihrer Hausbank unterscheiden? Sind Sie gegenüber Ihrem Partner offen für Gespräche über finanzielle Angelegenheiten oder vermeiden Sie diese, weil Sie davon schlechte Laune bekommen?

2 GEWOHNHEITEN HINTERFRAGEN: Ergründen Sie, wann und warum Sie sich die Gewohnheiten zugelegt haben. Ist es eine gute Idee, seit vielen Jahren mehrere Hundert Euro in bar zu Hause oder auf dem Girokonto liegen zu haben? Ist es sinnvoll, etwas im Onlineshop zu kaufen, nur weil die Rabattaktion läuft, Sie aber eigentlich gar nichts brauchen? Ist es gut, auf eine Geldanlage mit ETF weiterhin kategorisch zu verzichten – aus Angst, es könnte mal ein schlechtes Börsenjahr geben?

Wir gehen wieder schrittweise vor: Zuerst identifizieren wir so viele Gewohnheiten wie möglich (siehe dazu die Beispiele auf der rechten Seite), danach bewerten wir diese nach den Kriterien „Beibehalten", „Mittelfristig ändern" und „Dringend ändern". Für jeden Eintrag der dritten Gruppe entwickeln wir eine gute neue Gewohnheit. Seien wir ehrlich zu uns und streben wir dabei nach Klarheit und Effizienz.

Dann geht es darum, die neuen Routinen im Kopf zu verankern. Dafür gibt es ausnahmsweise keine Abkürzung.

AUS ALT MACH NEU: GELD-GEWOHNHEITEN

Ohne Routinen wäre unser Gehirn ständig am Limit.
Doch nicht jede ist sinnvoll und nützlich.
So könnten alte und neue Routinen aussehen.

ALTE GEWOHNHEITEN

NEUE GEWOHNHEITEN

ALTE GEWOHNHEITEN	NEUE GEWOHNHEITEN
Ich mag das Thema Finanzen nicht und lasse es lieber von anderen Personen regeln.	Zumindest meine eigenen Finanzen interessieren mich, ich will die Kontrolle darüber behalten.
Ich habe ein Konto für alle Ein- und Ausgaben und lasse mich überraschen, ob und wie viel am Monatsende übrig bleibt.	Ich nutze eines der speziellen Kontomodelle für verschiedene Bedarfe und regele viel über Daueraufträge und Automatismen.
Wenn ich das Gefühl habe, dass mir meine finanzielle Situation entgleitet, schaue ich nicht so genau hin, und hoffe, dass im nächsten Monat schon wieder alles gut sein wird.	Ich weiß jederzeit über meinen aktuellen Kontostand Bescheid und passe mein Konsumverhalten entsprechend an.
Ich gebe alles aus, was ich verdiene, und spare nur, wenn zufällig mal etwas übrig bleibt.	Ich habe einen monatlichen Sparplan und lege, wenn möglich, auch Einmalbeträge an.
Ich tätige Spontankäufe, werde von geschickter Markenwerbung beeinflusst und komme einfach nicht an Sonderangeboten vorbei.	Ich erkenne den Drang und widerstehe Spontankäufen, durchschaue selbst zielgruppengerechte Werbung und plane meine Käufe.
Ich betrachte erst den Dispokreditrahmen meines Girokontos als eigentliches Ende und ärgere mich danach regelmäßig über die Überziehungszinsen.	Ich habe den Dispokreditrahmen reduziert und nutze ihn nur im Ausnahmefall, weil ich weiß, wie hoch die Überziehungszinsen sind.
Wenn das Geld nicht reicht, muss der Kauf trotzdem sein – dann eben per „buy now, pay later".	Wenn das Geld nicht reicht, reicht das Geld nicht. Ich vermeide neue Schulden so weit es geht.

Gewohnheiten lassen sich ändern – die Frage ist, wie lange das dauert? Tatsächlich gibt es darauf nur eine seriöse Antwort: Kommt darauf an, wie komplex eine neue Gewohnheit ist und wie oft wir sie wiederholen. Bereits 2009 veröffentlichte das European Journal of Social Psychology eine Studie, der zufolge es zwischen 18 und 254 Tage braucht, bis eine neue Routine so fest etabliert ist, dass ihr Handlungsmuster praktisch automatisiert abläuft. Der Durchschnittswert lag laut Studie bei 66 Tagen, also über zwei Monaten. Zugegeben: Ein ganz schönes Brett, aber auf jeden Fall machbar.

Ob und wie schnell wir eine neue Gewohnheit in uns verankern können, hängt neben äußeren auch von inneren Faktoren ab. Vorteil: Diese können wir – zumindest partiell – beeinflussen.

1 MOTIVATION: Entscheidend für den Austausch einer alten gegen eine neue Routine ist vor allem unsere innere (intrinsische) Motivation – also der aus uns selbst kommende Drang, eine Sache zu verändern. Dieser ist umso höher, je schlüssiger und überzeugender wir uns selbst die Frage nach dem Warum beantworten können: Warum will ich mir keine Sorgen um Geld mehr machen? Warum will ich meine ungeplanten Ausgaben endlich in den Griff bekommen? Warum ist es mir wichtig, regelmäßig zu sparen?

2 CHARAKTER: Neben dem Faktor Motivation spielen auch die eigene Persönlichkeitsstruktur und individuelle Fähigkeiten eine wichtige Rolle. Wer als Typ eher strukturiert und geduldig ist, wird sich mit dem Sparen kleinerer Beträge über längere Zeiträume leichter tun als jemand, dem die Dinge in jeglicher Hinsicht gar nicht schnell genug gehen können und der bei langwierigen Veränderungen schnell die Lust verliert. Wenig überraschend machen wir umso größere Fortschritte beim Verankern einer neuen Gewohnheit, je besser diese zu unserem Persönlichkeitstyp passt.

3 FOKUS: Wer sich vorgenommen hat, gleich mehrere neue Routinen zu etablieren, sollte entsprechend mehr Zeit einplanen und diese nicht gleichzeitig, sondern nacheinander anpacken. So ist gewährleistet, dass jede Routine die gebührende Aufmerksamkeit bekommt – damit steigt die Chance auf Erfolg. Fest steht: Bei neuen Gewohnheiten ist es unerlässlich, von Beginn an dranzubleiben und sich auch von Rückschlägen nicht aus der Bahn werfen zu lassen. Da lenkt es nur ab, an mehreren Fronten gleichzeitig mit jeweils eingeschränkter Energie und Konzentration zu kämpfen.

Immer wieder üben:
alte Gewohnheiten
ablegen und neue erlernen

Wir wissen bereits, dass schlechte Gewohnheiten wie das Ignorieren von Rechnungen, Impulskäufe oder Shoppen auf Kredit uns viel Geld kosten und wirksam verhindern, dass wir die Kontrolle über unsere Finanzen übernehmen. Dennoch sei hier erneut daran erinnert.

Eigene Gewohnheiten zu ändern, uns selbst umzupolen, ist kein Kinderspiel. Damit sich Wissen im Kopf festsetzt und sich neue Routinen etablieren, bedarf es vieler Wiederholungen.

> **DER REIZ DER BELOHNUNG: Selbst die schädlichsten Routinen tun etwas für uns. Sie befriedigen ein körperliches oder psychisches Verlangen oder verschaffen uns ein gutes Gefühl. Kurzum: Sie garantieren uns eine Belohnung. Diese kann in vermindertem Stress oder berauschenden Glücksgefühlen bestehen, weil unser Gehirn plötzlich das Hormon Dopamin ausschüttet.**

Wollen wir diese Routinen durchbrechen, müssen wir gegen unser eigenes Gehirn ankämpfen, darin bereits angelegte und verfestigte Denkstrukturen verlassen und damit das Prinzip „Ökonomie first" verletzen – und das nicht nur ein-, zwei- oder zehnmal, sondern so lange, bis die neue Denkstruktur vom unwegsamen Trampelpfad zur asphaltierten Straße geworden ist.

Statt jedoch nur auf eine schlechte Gewohnheit zu verzichten, ist es unerlässlich, eine Ersatzhandlung zu etablieren, die eine vergleichbare Belohnung verspricht. So lässt sich der automatisierte Griff zur Chipstüte eventuell durch einen Griff in die Dose mit Trockenobst oder auf den Teller mit frischem Gemüse ersetzen. Außerdem lassen sich Gewohnheiten dann besser ersetzen, wenn das eigene Leben ohnehin gerade in Aufruhr und Dinge im Wandel begriffen sind, zum Beispiel im Gefolge eines Jobwechsels.

Wichtiger als der optimale Zeitpunkt ist jedoch der feste Wille, bestimmte Handlungsweisen zu verändern. Aus dem Change Management stammt die Formel, wonach echte Veränderungsbereitschaft drei Dinge voraussetzt: einen hohen Leidensdruck, eine positive Vision vom Ergebnis der Veränderung und eine Vorstellung davon, wie der erste Schritt aussehen soll. Diese drei Faktoren müssen schwerer wiegen als die Summe aus Kosten und Ängsten.

Scheitert der Versuch, neue Gewohnheiten einzuüben, liegt das folglich daran, dass der Leidensdruck nicht hoch genug war, es an der Vision beziehungsweise dem ersten Schritt haperte – oder dass unterm Strich Ängste und Aufwand zu groß waren.

Davon lassen wir uns jedoch nicht abhalten. Damit wir es schaffen, neue Verhaltensweisen zu automatisieren und in unserem Unterbewusstsein zu verankern, gehen wir erneut in Schritten vor.

1 GEWOHNHEIT IDENTIFIZIEREN: Suchen Sie sich eine Routine im Zusammenhang mit Geld heraus, die Sie zügig ändern wollen, zum Beispiel das nutzlose Shoppen nach Feierabend. Konsultieren Sie dazu auch die „Gewohnheiten-Liste" auf Seite 147. Führen Sie sich vor Augen, warum genau Sie etwas verändern wollen, was Ihnen das im besten Fall bringt. Rechnen Sie damit, dass sich Erfolge nicht von heute auf morgen einstellen werden – aber lassen Sie sich von dieser Aussicht nicht verunsichern.

2 AUSLÖSER FINDEN: Suchen Sie nach dem Auslöser der schlechten Gewohnheit, dem sogenannten Trigger. Neben Orten und Uhrzeiten können das zum Beispiel eine Person, ein Gefühl oder eine vorausgegangene Handlung sein. In unserem Beispiel „Shoppen nach Feierabend" kommt sowohl Frust nach einem Fehler im Job infrage – aber auch das Gegenteil davon: der Wunsch, sich nach einem Erfolg oder einfach einem als gelungen empfundenen Tag spontan zu belohnen. Weitere Beispiele für solche Trigger sind das Durchblättern der Kataloge von Online-Händlern, auffällig präsentierte Sonderangebote im Klamottenladen oder Elektronikmarkt sowie Gefühle von Einsamkeit und Langeweile.

3 GUTE GEWOHNHEIT DEFINIEREN: Wer eine alte Gewohnheit ablegen will, braucht eine bessere Alternative für dieselbe oder eine vergleichbare Situation. So kann man sich für Erfolge im Job auch mit einem guten Essen oder einem Kinobesuch belohnen. Frust lässt sich beim Sport, einem Spaziergang oder im Gespräch mit dem Partner bearbeiten – und Langeweile durch soziale Aktivitäten. Zu Beginn tun es auch kleinere Verbesserungen wie regelmäßiges Informieren über Kontostand und Kontobewegungen, Rabattaktionen zunächst grundsätzlich zu ignorieren oder die Regel, nach 20 Uhr nichts mehr online einzukaufen.

4 **WÜNSCHE VISUALISIEREN:** Stellen Sie sich die gewünschte Situation möglichst plastisch vor. Sehen Sie sich in Gedanken zu, wie Sie die Schuhe zurück ins Regal stellen und den Laden verlassen, um eventuell später wiederzukommen. Rufen Sie das gute Gefühl in sich auf, wenn Sie zu Hause ankommen, die unnötige Rabattware nicht mitgenommen und dadurch Geld gespart haben. Ihr Gehirn schafft in diesen Momenten neue Verbindungen, statt immer nur auf bereits vorhandene Muster zurückzugreifen.

5 **ZWISCHENSCHRITTE FEIERN:** Stellen sich erste Erfolge ein, nehmen Sie die nicht einfach als gegeben hin, sondern bemühen Sie sich, Ihre Fortschritte aktiv mit positiven Gefühlen zu verknüpfen. Loben Sie sich selbst und genießen Sie das Gefühl, eigene Handlungsweisen tatsächlich ändern zu können. Machen Sie sich immer wieder bewusst, dass mit fortschreitender Zeit auch das Stück des Weges wächst, das Sie schon geschafft haben und dass Sie noch immer fest gewillt sind, Ihr Ziel zu erreichen. Wofür tun Sie das nochmal alles?

6 **KONTROLLE ORGANISIEREN:** So seltsam es klingt – lassen Sie sich selbst nicht aus den Augen. Reflektieren Sie am Abend rückblickend Ihr Verhalten oder spannen Sie Familienmitglieder ein, mit denen Sie darüber reden können und die Sie an das neue Prozedere erinnern. Machen Sie sich Notizen über ihre Fortschritte. Halten Sie auch Tage fest, an denen Sie trotz bester Vorsätze unnötig Geld ausgegeben haben – vor allem aber auch solche, an denen Sie ohne Spontankäufe ausgekommen sind und sich stattdessen mit einem ausgedehnten Saunabesuch oder einem gemütlichen Serienmarathon auf dem Sofa belohnt haben.

7 **STANDHAFT BLEIBEN:** Meiden Sie, so gut es geht, den Trigger der alten Routine, also den Weg durch die Einkaufsstraße oder das Surfen auf der Shopping-Webseite nach Feierabend. Machen Sie sich jedoch darauf gefasst, dass Ihnen Ihr Gehirn vor allem zu Beginn alle möglichen Winkelzüge und Ausreden präsentieren wird, damit Sie doch noch rückfällig werden. Standhaft zu bleiben ist die schwierigste Aufgabe von allen! Dabei helfen neben einem festen Willen geeignete Ablenkungen sowie eine Portion Sturheit. Je öfter Sie es schaffen, nicht ins alte Handlungsmuster abzurutschen, desto schwächer sollten mit der Zeit die Beharrungskräfte in Ihrem Kopf werden. Und schließlich ist es geschafft – Gratulation!

So gelingt es, uns selbst zu überlisten

Wer sein Geld nicht verpulvern will, der sollte
wissen, welche Fallen auf ihn lauern und
wie er diese umgehen kann. Unser Gehirn
ist dabei zunächst wenig hilfreich.

Schlechte Geld-Gewohnheiten durch gute und sinnvolle zu ersetzen
ist eine Herausforderung. Hinzu kommt: Unser Gehirn denkt gar
nicht daran, uns dabei zu unterstützen – denn strikt ökonomisches
Entscheiden ist einfach nicht sein Ding. Das wiederum ist kein Zufall, sondern hat handfeste Gründe, die Millionen Jahre zurückrei-
chen. Vereinfacht gesagt hat die Evolution unserer Denkzentrale die
Aufgabe zugedacht, unser Überleben zu sichern und nicht, rationale
Entscheidungen an komplexen Finanzmärkten zu treffen.

Unsere kognitiven Strukturen und neuronalen Netzwerke haben
sich vor Millionen von Jahren herausgebildet und passten sich seit-
dem immer wieder den sich verändernden Umweltbedingungen an.
Das ging nicht von einem Tag auf den anderen, sondern brauchte
Jahrtausende. Doch während sich unsere Lebensbedingungen zuletzt gravierend geändert haben, ist unser Gehirn weitgehend dasselbe wie vor 10 000 Jahren. Die Evolution kommt nicht mehr mit.

Wie wir finanzielle Entscheidungen treffen, ist von der neuen
Disziplin Neurofinance inzwischen weitgehend entschlüsselt. In
Stresssituationen bestimmen nach wie vor Instinkte unser Verhalten,
etwa den Drang, bei Gefahr zu fliehen. Bei der Geldanlage bringt das
jedoch nichts – hier führen Geduld und Abwarten zum Ziel.

Experimente belegen, dass wir vermeintlich so modernen Menschen gern der Herde folgen, Risiken nicht richtig abschätzen können und weitgehend unfähig sind, aus eigenen Fehlern zu lernen. Zu
allem Überfluss treiben uns nicht kühle Vernunft und Gewinnstreben
an, sondern Gefühle wie Gier und Angst. Das ist in Finanzdingen
nicht nur äußerst hinderlich und zeitraubend, sondern kostet uns in
vielen Fällen auch bares Geld. Hier nur ein paar Euro, dort gleich ein
paar Tausender. Nicht wenige Menschen wurden von ihren Emotionen sogar in den finanziellen Ruin getrieben.

NEUROFINANCE – ALLES KOPFSACHE: Neurofinance ist ein Anwendungsgebiet innerhalb der Neuroökonomie. Sie befasst sich mit der Frage, welche physiologischen Prozesse in unserem Gehirn ablaufen, wenn wir finanzielle Entscheidungen treffen. Bildgebende Verfahren wie die funktionelle Magnetresonanztomographie zeigen, welche Areale bei welchen Tätigkeiten aktiviert werden. Solche Hirnscans belegen auch den enormen Einfluss von Emotionen, Verzerrungen und Instinkten.

Im Folgenden widmen wir uns typischen Denkfehlern, die in irrationalen Verhaltensweisen resultieren. So kann man sich mit Fug und Recht fragen, warum Menschen wegen ein paar Cent Ersparnis beim Kraftstoffpreis erhebliche Umwege zu günstigen Tankstellen in Kauf nehmen. Warum sie wegen fünf Euro Ersparnis ein zweites Hemd im Doppelpack kaufen, obwohl sie nur eins brauchen. Oder warum sie glauben, mit wilden Kauf- und Verkaufsorders bei der Geldanlage den Markt schlagen zu können.

Nur noch einmal zur Sicherheit: Wer der im Kapitel „Machen wir mehr aus unserem Geld" beschriebenen Anlagestrategie folgt, vermeidet den letztgenannten Fehler automatisch. Beim Pantoffel-Portfolio gehen wir von derart langen Anlagezeiträumen aus, dass sich auch größere Verluste nach einiger Zeit von selbst wieder ausgleichen sollten (siehe „Bewährte Paketlösung: Das Pantoffel-Portfolio", S. 98).

Mittlerweile sind viele Denkfehler unseres Gehirns und daraus resultierende Verhaltensweisen relativ gut durch wissenschaftliche Experimente belegt. Verhaltensökonomik nennt sich ein relativ junger Bereich, dessen Vertreter nicht mehr davon ausgehen, dass Menschen stets vernünftig agieren und ihren persönlichen Vorteil maximieren wollen – also ganz im Sinn des klassischen Homo oeconomicus. Anders als frühere Wirtschaftswissenschaftler führen Vertreter der Verhaltensökonomik Feld- und Laboruntersuchungen durch und nutzen Erkenntnisse angrenzender Disziplinen wie Psychologie und Sozialwissenschaften.

Warum Menschen offenbar nicht oder nur mit Mühe in der Lage sind, ökonomisch und rational entscheiden, wenn es um Geldfragen geht, interessiert die Wissenschaft schon seit vielen Jahren. Erklärungsansätze für viele Verhaltensanomalien enthält unter anderem die berühmte und im Jahr 2002 mit dem Nobelpreis für Wirtschaftswissenschaften prämierte Prospect-Theorie.

PROSPECT-THEORIE: Die Psychologen Daniel Kahneman und Amos Tversky entwickelten dieses Modell 1979. Es ist heute essenzieller Teil der Verhaltensökonomik und beschreibt Prozesse der Entscheidungsfindung in riskanten Situationen. Seine Kernaussage: Bei positiven Ereignissen scheuen wir Risiken. So bevorzugen wir einen sicheren, aber geringen Gewinn gegenüber der unsicheren Chance auf einen höheren Gewinn. Bei Verlusten ist es umgekehrt: Wir riskieren eher einen hohen Verlust, wenn die Chance besteht, dass dieser gar nicht eintritt, als einen sicheren geringen Verlust hinzunehmen.

Kahneman und Tversky zeigten, dass unser Verhalten in unsicheren Situationen – also Situationen, in denen wir aus mehreren Optionen auswählen müssen – nicht rational ist, sondern durch kognitive Verzerrungen beeinflusst wird. Das heißt, dass unsere mentalen Voreinstellungen den rationalen Erwägungen in die Quere kommen und diese wie ein Magnet ablenken. Zu den von Kahneman und Tversky beobachteten Phänomenen gehören etwa jene, dass Menschen ihre eigene Kompetenz tendenziell über- und die der anderen unterschätzen, dass sie einmal vertretene Meinungen ungern ändern sowie falsche Entscheidungen im Nachgang gern schönreden.

Wie wir auf simple Tricks hereinfallen oder: der Mythos der freien Entscheidung

Gierig, verführbar, träge – nicht gerade schmeichelhaft, was uns die Verhaltensökonomik an Eigenschaften attestiert. Doch was hier vermeintlich überspitzt daherkommt, ist die Wahrheit – sonst könnten Hersteller den Erfolg eines neu einzuführenden Produkts nicht mit Hilfe eines hohen Werbe-Etats steuern und Einzelhändler ihren Umsatz nicht mithilfe von roten Schildchen und künstlicher Verknappung („Nur, so lange Vorrat reicht") planmäßig steigern. Während Waren aufgrund der niedrigeren Zahl ganz links (zum Beispiel 1,99 Euro statt 2 Euro) günstiger wirken, suggerieren Sonderangebote oft eine deutlich höhere Ersparnis, als dies unterm Strich der Fall ist.

Überhaupt lassen wir uns gern von Preisnachlässen aller Art und Größe beeindrucken – sei es beim Tanken oder beim Kauf des dazugehörigen Autos: Ausgebuffte Verkäufer werden Kunden mit Vorliebe zunächst einen sehr teuren Wagen zeigen, um ihnen anschließend einen anderen, deutlich günstigeren ans Herz zu legen, dessen Preis das Budget aber dennoch übersteigt. Erstaunlich oft führt diese Strategie zum Erfolg – umso mehr, wenn der Verkäufer „nur für Sie" noch ein kostenloses Extra drauflegt.

Darüber hinaus gibt es jede Menge Konstellationen, in denen wir aktiv gegensteuern können, um teure Fehler zu vermeiden.

1 **SCHLÄFEREFFEKT:** Möglicherweise sind Ihre Gedanken noch immer bei der Aussage aus dem vorletzten Absatz, dass Menschen durch Werbung verführbar seien – wo Sie doch dergleichen Beeinflussungsversuche in der Regel sofort durchschauen. Das mag sogar stimmen, doch haben US-Wissenschaftler bereits Mitte des 20. Jahrhunderts den Schläfereffekt beschrieben. Dieser besagt, dass uns eine Botschaft länger im Gedächtnis bleibt als die dazugehörige Quelle. Mit der Zeit vergessen wir, dass diese womöglich unseriös war, und öffnen uns der Botschaft mit Verzögerung – diese erwacht irgendwann in unserem Hinterkopf und erreicht über diesen Umweg doch noch ihr Ziel. Nicht umsonst schwören viele Menschen ihr Leben lang auf bestimmte Marken – obwohl sie längst nicht mehr wissen, woher sie dieses Wissen ursprünglich hatten. Wer dem Schläfereffekt entrinnen will, muss seine Kaufentscheidungen wohl oder übel auf Basis seriöser Quellen treffen oder sich erst kurz vor dem Kauf informieren – zum Beispiel auf test.de.

2 **KLUGER-HANS-EFFEKT:** Noch dramatischere Folgen hat der „Kluger Hans"-Effekt, benannt nach einem Pferd, das zu Beginn des 20. Jahrhunderts lebte, angeblich rechnen und das Ergebnis durch wiederholtes Stampfen mit dem Huf kundtun konnte. Das Ganze basierte auf einem Trick – doch die gebannten Zuschauer ließen sich nicht ausreden, dass sie Zeugen eines Wunders wurden. Sie wollten glauben, dass im Kopf des „Klugen Hans" ein intelligenter Geist steckte. Ähnlich ergeht es Menschen, die an Horoskope glauben. Sie interpretieren in die oft mehrdeutigen Vorhersagen das hinein, was sie darin finden wollen, und ignorieren abweichende Fakten. Die nächste Stufe besteht darin, gezielt nach Informationen zu suchen, die die eigene Wahrnehmung bestätigen, und anderslautende Meinungen zu ignorieren oder als inkompetent abzuwerten.

EXPONENTIELLES WACHSTUM

Exponentielle Kurven wie beim Zinseszinseffekt
sind oft schwer zu begreifen oder werden unterschätzt.
Hier ein anschauliches Beispiel.

○ Nehmen Sie ein A4-Blatt. Es ist
ca. 0,1 Millimeter dick.

○ Falten Sie es auf die Hälfte, und
erneut, so oft es geht.

○ Schaffen Sie es sieben Mal?
Sie haben nun 128 Seiten bzw.
1,28 Zentimeter erreicht.

BIS ZUM MOND:

Könnten wir ein Blatt Papier 41 Mal
falten, entstünde ein 219 902 Kilometer
hoher Turm. Er würde weit in den Welt-
raum hineinragen und die halbe Strecke bis zum Mond überbrücken. Wie
oft müssten wir das Blatt falten, um
den Mond zu erreichen? 50 Mal?
82 Mal? Die Antwort: Schon mit der
nächsten Faltung auf 42 Mal würde
der Turm weit über den Mond hinaus-
ragen, der etwa 384 400 Kilometer von
uns entfernt ist.

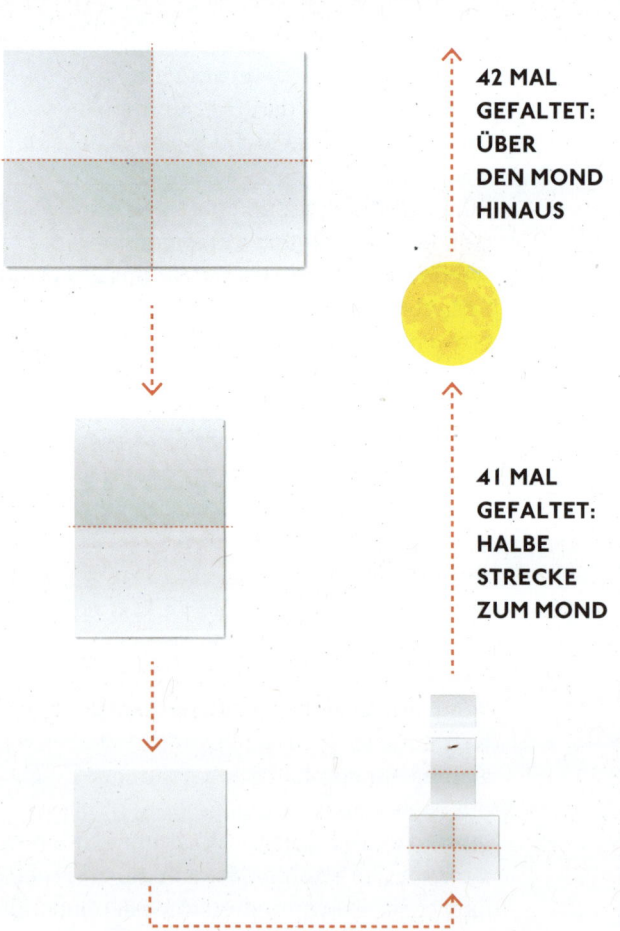

**42 MAL
GEFALTET:
ÜBER
DEN MOND
HINAUS**

**41 MAL
GEFALTET:
HALBE
STRECKE
ZUM MOND**

3 **HEISSE-HAND-EFFEKT:** Weil es uns so gut in den Kram passt, sehen wir sogar Muster, wo einfach der Zufall regiert. Sind eine Aktie oder eine Branche über längere Zeit enorm gestiegen oder hat ein Experte deren Entwicklung erstaunlich genau vorhergesagt, neigen wir zum Glauben, dass dies so weitergeht. Dahinter steht die „Idee der heißen Hand", wonach Serien nicht zufällig entstehen können und immer weitergehen. Das stimmt natürlich nicht – doch zu akzeptieren, dass das Leben nicht immer innerhalb bestimmter Muster verläuft, fällt uns nun mal schwer.

4 **SPIELERIRRTUM:** Doch es gibt auch den umgekehrten Fall: Wer dem Spielerirrtum erliegt, geht davon aus, dass jede Serie zwingend irgendwann endet. Unsere Vorstellung von Zufall besagt, dass dieser wild und chaotisch daherkommt. Dass er Muster und Trends generieren kann, passt nicht in unser Bild. Angenommen, wir spielen Roulette und die Kugel kommt fünfmal nacheinander auf Rot zum Stillstand. Würden wir nicht davon ausgehen, dass jetzt zwingend Schwarz kommt und darauf setzen? Dabei ist die Wahrscheinlichkeit dafür keineswegs gestiegen – in Wirklichkeit stehen die Chancen bei jedem neuen Versuch fifty-fifty. Was wir sehen, ist demnach kein Muster, sondern ein als Muster getarnter Zufall.

5 **FLATRATE-FETISCHISMUS:** All you can eat, all-inclusive, Gespräche in alle Netze – Pauschaltarife sind fester Bestandteil unseres Lebens. Wir wissen, was wir zahlen, und nehmen uns vor, den Preis durch eifriges Nutzen zu rechtfertigen. Doch während wir uns am Hotelbuffet tatsächlich mehr Essen auf die Teller schaufeln (oft genug, ohne es später zu essen), telefonieren wir mit dem Smartphone nicht mehr als früher – und die Besuche im sündhaft teuren Fitnessstudio halten sich in der Regel ebenfalls in Grenzen. Machen Sie sich deshalb bewusst, wie viel Geld Sie pro Jahr pauschal für Bahncard, Handy-Flat und Co. ausgeben und überlegen Sie sich anhand Ihres aktuellen Nutzungsverhaltens, ob Einzelkäufe unterm Strich nicht doch günstiger sind.

Wenn wir uns fragen, was wir aus mentalen Fehlleistungen lernen können, dann zumindest so viel: Verzerrungen entstehen als Folge spontaner Bewertungen. Näheres Nachdenken, das Einholen von Informationen aus verlässlicher Quelle oder des Feedback anderer Menschen würde uns in der Regel klarmachen, dass wir im Begriff sind, falsch zu entscheiden.

So gelingt es, uns selbst zu überlisten

Was ist uns noch wichtiger, als Gewinne zu machen? Keine Verluste zu erleiden!

Niemand will ein Verlierer sein – schon gar nicht, wenn es um Geld geht. Das mühsam Ersparte auch nur dem Hauch eines Verlustrisikos auszusetzen, kommt deshalb für viele Menschen nicht in Frage. Lieber investieren sie in niedrig verzinste Staatsanleihen, statt mit ETF die Chance auf höhere Renditen zu nutzen. Sie akzeptieren, dass Anleihen nun mal weniger Ertrag bringen und trösten sich mit dem Gedanken, dafür ruhig schlafen zu können.

So weit, so bekannt. Doch historisch gesehen war der Renditeabstand zwischen Aktien und Anleihen über Jahrzehnte deutlich größer, als er nach rationalen Maßstäben hätte sein dürfen. Nach den üblichen Marktmechanismen hätte die zu niedrige Rendite viel mehr Anleger dazu bewegen müssen, ihre Anleihen zu verkaufen und Aktien zu kaufen. Genau das hatten sie jedoch nicht getan.

Wer nicht an der Börse investierte, hatte damit über die Jahre deutlich mehr Geld verschenkt, als zu erwarten gewesen wäre. Als Verhaltensökonomen in den 1980er Jahren diesem Rätsel auf den Grund gingen, fanden sie heraus, dass wir Menschen mit Verlusten anders umgehen als mit Gewinnen. Wie das funktioniert? Ganz einfach: Wir speichern sie im Gehirn in unterschiedlichen Bereichen ab, anstatt sie gegeneinander aufzurechnen.

WENN VERLUST SCHMERZT: Aus der Prospect-Theorie ist bekannt, dass Menschen das Risiko, Geld zu verlieren, stärker gewichten als die Chance, Geld zu gewinnen. Kahneman und Tversky (siehe S. 154) beschrieben diesen Effekt als „Schmerz", den wir empfinden, wenn wir etwas verlieren – oder auch nur daran denken.

Wer langfristig und mit ruhigem Gewissen in börsengehandelte Papiere wie Aktien oder ETF investieren will, muss demnach seinen Widerwillen gegenüber Verlusten ausblenden oder bewusst gegensteuern. Ein Weg ist das Betrachten längerer Zeiträume: Während Kurse auf kurze Sicht im Minus liegen können, verzeichneten sie – zumindest bislang – mittel- und langfristig stets deutliche Steigerungsraten.

Wer sich dennoch für Börseninvestments entschieden und bereits Aktien oder Fondsanteile in seinem Depot liegen hat, ist genauso wenig vor Denkfehlern und Verzerrungen gefeit.

Insbesondere in Zeiten fallender Kurse heißt es, die Ruhe zu bewahren und die Zeit für sich arbeiten zu lassen. Der beste Rat: Nerven behalten, Kursrückgang aussitzen, auf Erholung warten. Wer Buchverluste nicht realisiert, verliert keinen Cent (siehe „Buchverluste", ab S. 111). Widerstehen wir zudem folgenden Verzerrungen:

1 AUSSTATTUNGSEFFEKT: Wer bereits Gegenstände von Wert besitzt, schätzt deren Wert tendenziell deutlich höher ein, als wenn er dieselben Gegenstände erst noch kaufen wollte. Schuld ist eine Art innere Bindung zum eigenen Besitz, die in der Regel noch wächst, je länger das Besitzverhältnis andauert. Übersetzt in die Sprache der Geldanlage bedeutet das: Haben wir eine Aktie oder einem Fondsanteil einmal in unserem Besitz, dann hängen wir daran und würden das Papier nur zu einem hohen Preis wieder verkaufen. Die Bereitschaft von Kaufinteressenten, diesen Preis zu zahlen, setzt jedoch einen entsprechend hohen Kurswert voraus.

2 DISPOSITIONSEFFEKT: Damit wird in der Verhaltensökonomik die unterschiedliche Bewertung von Gewinnen und Verlusten beschrieben. Was bei Sparplänen eigentlich keine Rolle spielen sollte, treibt viele Anlegerinnen und Anleger dennoch um. Während wir bei gestiegenen Aktien oder Fondsanteilen dazu neigen, über einen Verkauf oder Teilverkauf nachdenken, werden Verluste nur sehr ungern realisiert. Verluste werden doppelt so stark empfunden wie Gewinne. Hinzu kommt das schlechte Gewissen: Einen Verkauf mit Verlust sehen viele als Eingeständnis einer falschen Anlageentscheidung an. So kann es dazu kommen, dass kleine Gewinne zu schnell verkauft werden, während Verlustaktien auf ewig im Depot bleiben.

3 NULLRISIKO-FIKTION: Dass eine Bank pleitegeht, ist unwahrscheinlich – doch was heißt „unwahrscheinlich" genau? Wir haben ein Problem damit, uns das Ausmaß von Risiken vorzustellen und gewichten sie im Zweifel über. Deshalb ist es uns am liebsten, wenn Dinge gar kein Risiko bergen. Das jedoch ist so gut wie nie der Fall – selbst wenn man bereit ist, dafür Geld zu zahlen. Das tun indirekt alle Menschen, die ausschließlich auf Zinsanlagen setzen und auf höhere Renditen verzichten. Besser wäre es, mit Restrisiken leben zu lernen, diese kalkuliert einzugehen – und später die wohl-

verdiente Belohnung einzustreichen. Übrigens: Um uns Wahrschein-
lichkeiten besser vorstellen zu können, rechnen wir sie am besten
von Prozent in absolute Zahlen um. So sind 1,5 Prozent 15 von 1000
beziehungsweise 150 von 10 000.

4 **GELDILLUSION:** Anleger, die ihr Geld in turbulenten Zeiten in
sichere Häfen wie Anleihen umschichten (oder es von vornherein nur in Zinsprodukten anlegen), unterliegen einem folgenschwe-
ren Irrtum: Sie ignorieren in der Regel den Kaufkraftverlust durch die
Inflation. Reale Zuwächse – also ein Plus nach Abzug der Inflationsrate – sind mit Hilfe von Zinsen häufig nicht zu erzielen. Zweiter Fehler: die Angst vor kurzfristigen Kursschwankungen von Aktien und
Fondsanteilen, die mit einem unkalkulierbaren Anlagerisiko gleichge-
setzt wird. Verluste drohen jedoch nur dann, wenn Anleger tatsächlich billiger verkaufen müssen, als sie gekauft haben oder die Inflation den Gewinn auffrisst. Beide Szenarien lässt sich mit einer guten
Strategie und ausreichend Zeit in der Regel vermeiden.

Das Ego einfach mal ausschalten und der Sturheit Fallen stellen

Ihnen ist wahrscheinlich schon aufgefallen, dass wir in unserer
Selbstwahrnehmung nicht nur hervorragende Autofahrer sind, sondern – ließe man uns gewähren – auch die besseren Fußball-Bun-
destrainer wären. Warum nicht auch begnadete Finanzgurus? Seit
der Prospect-Theorie wissen wir, dass die Mehrheit der Menschen
ihre Fähigkeiten als überdurchschnittlich einschätzt – sei es als
Unternehmer, Manager oder Politiker.

Die US-Forscher David Dunning und Justin Kruger setzten Ende
des vorigen Jahrhunderts noch einen drauf. Ihr – fast schon satirisch
anmutendes – Forschungsergebnis, gewonnen aus Experimenten
mit Studierenden: Je unwissender eine Person auf einem bestimmten Feld ist, desto größer ihr Selbstvertrauen – und desto größer ihr
Unvermögen, die eigene Beschränktheit zu erkennen. Das Frappie-
rende: Ihr Mangel an Selbstkritik lässt Menschen Dinge anpacken,
die sie nicht beherrschen – und zuweilen haben sie damit Glück.

6

Das Dumme ist nur: Aus Selbstüberschätzung resultieren in aller Regel falsche Entscheidungen. Und die können richtig viel Geld kosten. So kaufen und verkaufen vermeintlich informierte und erfahrene Anleger oft die falschen Papiere im falschen Moment, schieben Fehlschläge jedoch gern auf ihr Künstlerpech – oder die anderen.

Dagegen hilft nur kritische Distanz – anderen Menschen und vor allem sich selbst gegenüber. Wohl dem, der ehrliche Ratgeber hat – und diese auch regelmäßig zu Wort kommen lässt.

An weiteren Fehlleistungen in Sachen Selbsteinschätzung herrscht kein Mangel. Hier eine Auswahl.

1 KONTROLLILLUSION: Wir haben alles Griff. Denken wir. Sei es das eigene Auto bei Tempo 180, das schlechte Wetter auf einer Bergwanderung oder die Unwägbarkeiten an der Börse. Sogar beim Lottospielen bilden wir uns ein, die Kontrolle zu haben. Warum sonst kreuzen wir die Gewinnzahlen nicht nach dem Zufallsprinzip an, sondern wählen sie bewusst aus? Weil wir uns nur auf diese Weise zum Handeln motivieren können? Weil wir nur dann das Gefühl von Sicherheit haben? In jedem Fall verzerrt auch die Kontrollillusion unsere Wahrnehmung, denn sie lässt uns Warnsignale ausblenden. Dadurch steigt die Gefahr, dass wir unvorsichtig werden und etwa versäumen, die erwähnte Bergwanderung abzubrechen. Gegenstrategie: Gestehen Sie sich eigene Grenzen ein. Sagen Sie: „Hier bin ich tatsächlich machtlos." Ziehen Sie die Notbremse, brechen Sie ab und überdenken Sie Ihre allzu riskante Anlagestrategie.

2 ELLSBERG-PARADOX: US-Ökonom Daniel Ellsberg führte 1961 ein Experiment durch, in dem Probanden darauf wetten mussten, ob sie aus einem Beutel mit Kügelchen verschiedener Farben eine bestimmte Farbe ziehen würden. Dabei zeigte sich, dass Menschen eher auf Kügelchen wetteten, deren Anzahl sie kannten – auch wenn es möglicherweise im Beutel mehr Kugeln einer anderen Farbe gab. Daraus zog Ellsberg den Schluss, dass Menschen eher bereit sind, kalkulierbare Risiken einzugehen als Risiken, die sich nicht berechnen lassen. Analog dazu setzen die meisten Anleger einen Schwerpunkt auf heimische Wertpapiere, weil sie glauben, deren Risiken am besten abschätzen zu können. Damit streuen sie jedoch das Anlagerisiko nicht breit genug. Abhilfe lässt sich schaffen, indem wir unser Geld in einem ETF anlegen, der einen breit gestreuten, weltweiten Index nachbildet, etwa den MSCI World. Das nimmt uns die Auswahl der einzelnen Titel ab.

3 **STATUS-QUO-VERZERRUNG:** Wir neigen dazu, die Dinge so zu machen, wie wir (und unsere Vorfahren) sie schon immer gemacht haben – da weiß man wenigstens, was man hat. Tatsächlich erspart man sich mit dieser Einstellung viel Aufwand und Mühe. Den Stromanbieter wechseln? Der alte ist doch gut. Einen neuen Job suchen? Zu riskant. Das Erbe des Patenonkels in Fondsanteile investieren – wo er selbst doch immer vehement für Festgeld plädierte? Schwierige Entscheidung. Letztlich bleiben wir in den meisten Fällen beim Bewährten und versäumen es, Gewohnheiten zu hinterfragen. Damit ersparen wir uns zwar die Reue nach Fehlern, berauben uns jedoch besserer Optionen – und verschenken Geld. Deshalb, auch wenn es Überwindung kostet: Das Leben ist Veränderung. Ab sofort gehen wir neue Wege und ändern jeden Tag mindestens eine Kleinigkeit in unserem Leben!

Eine Million ist auch nur eine Zahl – und gar nicht so viel wert

Die Million als Ziel – es ist ehrenhaft, sich dieses hohe Ziel zu stecken. Und es ist nicht so unerreichbar, wie vielleicht gedacht (siehe Grafik „1 Million Euro", S. 61). Aber für den Fall, dass es nicht klappt, sei gesagt: Eine Million ist auch nur eine Zahl.

Vor 100 Jahren gab es in Deutschland Milliardäre wie Sand am Meer. Heute herrscht zwar keine Hyperinflation – doch eine Million Euro hat bei weitem nicht mehr die Kaufkraft von vor zehn Jahren und erst recht nicht jene der entsprechenden Menge D-Mark 1950.

Leider wird auch unsere Marathon-Million, die wir in 40 Jahren erreichen könnten, längst nicht mehr die Kaufkraft einer heutigen Million haben. Zum Trost sei gesagt, dass mit hoher Wahrscheinlichkeit auch unsere Einkommen steigen werden – und dass wir uns in 40 Jahren Produkte kaufen können, die heute noch Zukunftsmusik oder unerschwinglich sind. Das fliegende Auto oder der Quantencomputer für die Hosentasche? Dergleichen kostet dann vermutlich nicht mehr als heute ein Kleinwagen oder Handy.

Träumen wir wirklich von den sechs Nullen auf dem Kontoauszug – oder wollen wir nicht vielmehr das, was dahinter steht: ein

DIE ABRECHNUNG – WAS HABEN SIE ERREICHT?

Hier schließt sich der Kreis. Blättern Sie
zurück auf Seite 25 und auf Ihre ursprünglichen Ziele.
Was haben Sie geschafft, was bleibt noch zu tun?

DAS HABE ICH ERREICHT IN SACHEN GELD

○ Ich sehe Geld jetzt nicht mehr negativ, sondern neutral oder sogar positiv.

○ Ich beschäftige mich jetzt mehr mit Geld und Finanzen.

○ Ich habe einen Überblick über all meine monatlichen Einnahmen und Ausgaben.

○ Ich organisiere mein Geld über eines der speziellen Kontomodelle.

○ Ich habe die ersten Schritte unternommen, um langfristig Wohlstand aufzubauen.

○ Ich habe meine Geldanlagestrategie nach dem Prinzip des Pantoffel-Portfolios aus- und eingerichtet.

○ Ich habe erste Rücklagen aufgebaut und fühle mich wohl, dass ich darüber verfüge.

_____

_____

_____

_____

_____

_____

_____

schönes, sorgenfreies Leben, erfüllende Beziehungen zu anderen Menschen, aufregende Reisen sowie als Grundlage all dessen Gesundheit und Wohlbefinden für uns selbst und unsere Liebsten.

Für ein dauerhaftes finanzielles Auf- und Durchatmen brauchen die meisten von uns keine Million. Was wir dafür sehr wohl benötigen, ist ein positives Money Mindset und die feste Überzeugung, dass auch aus kleineren Anlagebeträgen im Lauf der Jahre ein beträchtliches Vermögen entstehen kann.

Geld sinnvoll einsetzen und sich wohlfühlen

Geld zu haben ist kein Selbstzweck – damit wir zufrieden sind, wollen wir es sinnvoll einsetzen. Genauso wichtig wie das Erfüllen eigener Wünsche ist uneigennütziges Handeln.

Geld ist Mittel zum Zweck. So sah das bereits der antike Philosoph Aristoteles – und auch heute würden das die meisten Menschen unterschreiben. Schwieriger ist die Frage, was genau dieser Zweck sein soll. Bittet man Menschen um eine Antwort, fallen abstrakte Begriffe wie Selbstbestimmung, Unabhängigkeit und Freiheit. Damit ist zwar noch nichts gesagt über die Menge an Geld, die es braucht, um diese Möglichkeiten zu haben – doch man darf davon ausgehen, dass nicht Bürgergeld oder Mindestlohn gemeint sind. Anders gesagt: Die Freiheit, die wir meinen, will erst einmal finanziert sein.

Aristoteles sprach in diesem Zusammenhang vom „guten Leben" und meinte das auch im ethischen Sinn. Ein echtes Glück, dass man sich weder auf Kosten der Allgemeinheit erschleicht noch über heimliche Abkürzungen erlangt. Sei das gute Leben erreicht, war der Philosoph überzeugt, gebe es keinen Grund mehr, sich noch mehr zu wünschen. Schon gar nicht Geld.

Letztlich muss jede und jeder von uns selbst entscheiden, was dieses gute Leben sein soll. Niemand würde behaupten, dass er zufrieden ist, sobald Grundbedürfnisse wie Essen, Trinken und Wohnen befriedigt sind – sonst würden wir dieses Buch nicht lesen. Ein bisschen mehr darf es dann schon sein.

Offenbar ist Glück in unserer heutigen Gesellschaft auch immer mit Geld verknüpft. Je mehr, desto besser, könnte man meinen – aber so simpel liegen die Dinge nicht. Sonst wären Milliardäre glücklicher als Millionäre und diese wiederum glücklicher als Menschen mit einem durchschnittlichen Angestelltengehalt.

Zwar liefert ein höheres Einkommen die Chance auf mehr Glück. Wer jedoch in eine Spirale aus Viel-Haben und Noch-mehr-Wollen gerät und darin gefangen bleibt, wird kaum jemals zufrieden sein – geschweige denn glücklich. Oder, mit Aristoteles: ein gutes Leben führen. Wer im ständigen Wettlauf mit anderen ist, bleibt zwar in Bewegung, gelangt aber trotz zunehmender Erschöpfung nie ans Ziel. Geld wird dann vom Mittel zum Zweck zum reinen Selbstzweck.

Dies ist kein Plädoyer für Minimalismus und Verzicht, sondern für einen souveränen und sinnstiftenden Umgang mit Geld – wie viel auch immer wir unser Eigen nennen. Geld gibt uns die Möglichkeit, uns selbst und unsere Vorstellungen vom guten Leben zu verwirklichen. Diese sind nie ganz frei von dem, was andere Menschen denken. Doch es liegt ein großer Unterschied darin, ob wir mit unserem Geld so umgehen, wie es die anderen erwarten oder ob wir unseren eigenen Wünschen, Vorstellungen und Überzeugungen folgen und diese kraft unserer finanziellen Möglichkeiten in die Tat umsetzen.

Wie wir Spontankäufen widerstehen und uns Dinge bewusst gönnen

Nie mehr Geld sinnlos verpulvern. Diesen Wunsch verspürt fast jeder, der öfter spontan Dinge kauft, die eigentlich überflüssig sind – seien es die schicke Bluse, teure Markenschuhe oder das neueste Tablet-Modell. Das Merkwürdige: Sehen wir die Ware im Laden oder im Internet, verspüren wir einen schier unbezwingbaren Kaufreiz. Nach dem Kauf folgt meist schnell die Ernüchterung: Das eben noch so tolle Tablet ist bei Lichte betrachtet nur eines von vielen, Bluse und Schuhe wandern zu den anderen in den Schrank.

Insbesondere Schnäppchen können solche Belohnungsreize auslösen. Wer versucht, dem Kaufreiz zu widerstehen, scheitert oft kläglich – zumal Händler diesen gezielt fördern. Jeder Supermarktkunde kennt das Phänomen, dass Waren besonders attraktiv wirken, wenn ihr Preis reduziert ist – und sei es nur um ein paar Cent.

Leider ist es uns kaum möglich, absolut rational zu handeln und zielgerichtet immer genau das Produkt oder die Dienstleistung zu kaufen, die uns objektiv den größten Nutzen beschert. Uns fehlen schlicht die Informationen dazu. Nur wer sich vor seiner Kaufentscheidung gezielt informiert, etwa einen Produkttest konsultiert, weiß, welcher Geschirrspüler am saubersten wäscht. Hinzu kommt, dass wir längst nicht mehr nur einkaufen, um unsere Grundbedürfnisse zu befriedigen oder uns das Leben zu erleichtern. Längst kaufen wir Dinge auch, um uns gezielt Glücksgefühle zu verschaffen.

Entscheidend für Kaufentscheidungen sind neuronale Prozesse im Gehirn. Der Konsum von Produkten aktiviert Bereiche, die zum Belohnungssystem gehören. Dort werden die Botenstoffe Dopamin und Serotonin ausgeschüttet, auch als Glückshormone bekannt.

Im Gegensatz zu spontan gekauften Produkten haben unsere Lieblingsmarken das Potenzial, länger anhaltende Belohnungsreaktionen im Gehirn auszulösen. Ob Sportbekleidung, Nussnugatcreme oder Waschmittel – wer möglichst häufig eine „seiner" Marken in den Einkaufswagen packt, kann sich auf die folgende Euphorie verlassen. Kaufen wir eine andere Marke, fällt dieser Stimulus weg. Mehr noch: Wir fühlen uns dann regelrecht bestraft.

Das Ernüchternde: Einen Ersatz für die Lieblingsmarke gibt es nicht. Nur diese besitzt für Käufer einen besonderen emotionalen Wert. In seinen Untersuchungen kam Neurowissenschaftler Michael Deppe von der Universität Münster zum Ergebnis, dass Preis und Qualität in diesem Kontext kaum eine Rolle spielen. So ist es auch kein Wunder, dass auch halbwegs überzeugend gemachte Plagiate in uns diese Art von Euphorie auslösen können. Da passt auch ins Bild, dass etwa in Blindverkostungen von Bieren Probanden kaum in der Lage waren, ihre bevorzugten Marke herauszuschmecken.

Uns diese Mechanismen vorab bewusst zu machen, kann im Alltag immens helfen. Um Spontankäufe zu vermeiden, können wir etwa versuchen, die Markenjeans oder das Smartphone zunächst im Laden liegenzulassen und andere Besorgungen zu erledigen. Oft hilft es auch, Waren aus dem Sonderangebot eine Weile durch den Markt zu tragen und nicht gleich zur Kasse zu gehen. Schon nach ein paar Minuten ist der Zauber oft verflogen.

Am wenigsten Geld verpulvern Menschen, die nachdenken, bevor sie etwas kaufen oder Käufe planen. Deutlich nachhaltiger als bei Spontankäufen ist das Glücksgefühl, wenn man sich im Vorfeld Gedanken über seine Wünsche macht, die Vorfreude über Tage oder sogar Wochen steigert und sich dann bewusst etwas gönnt.

Schenken, spenden oder teilen – und dann her mit den Glücksgefühlen!

Anderen etwas zu schenken – ökonomisch gesehen ist das blanker Unfug. Dennoch tun wir genau das, wenn wir zum Beispiel einem lieben Menschen einen Wunsch erfüllen oder Geld für notleidende Menschen spenden. Wir tun dies weniger aus einer sachlichen Notwendigkeit heraus, als vielmehr als Ausdruck von Empathie und Anteilnahme. Wir schenken mit dem Herzen, wie es so schön heißt.

> **WO DIE GROSSZÜGIGKEIT STECKT: Uneigennütziges Verhalten aktiviert den „temporoparietalen Übergang" im hinteren Teil unseres Gehirns. Dieser steht in Verbindung mit unserer Fähigkeit zu empathischem Verhalten gegenüber anderen Personen. Dabei befindet er sich im Widerstreit mit Teilen des Belohnungssystems in der Großhirnrinde, die egoistische Handlungen bevorzugen.**

Menschen etwas zu schenken oder für sie zu spenden sind zwar zutiefst uneigennützige Handlungen – paradoxerweise ist es jedoch ein Irrtum zu glauben, dass wir nichts davon hätten. Denn: Anderen etwas Schönes oder Nützliches von unserem Geld zu kaufen oder ihnen das Geld selbst zu schenken macht uns glücklicher, als wenn wir uns selbst etwas kaufen.

Kanadische Forschende um die Sozialpsychologin Elizabeth Dunn haben in Versuchen herausgefunden, dass die Glücksgefühle, die wir empfinden, wenn wir uns großzügig und uneigennützig verhalten, deutlich langsamer abebben – oder sogar erhalten bleiben.

Verwenden wir Geld dagegen für uns selbst, indem wir uns etwa teure Kleidung kaufen oder eine Traumreise buchen, pegelt sich

Geld sinnvoll einsetzen und sich wohlfühlen

GEBEN IST SELIGER DENN NEHMEN

Den eigenen Wohlstand zu etwas Gutem zu nutzen, macht uns glücklicher. Oft ist es ohne großen Aufwand möglich – und kann sich finanziell lohnen.

AUSWAHL EINER ORGANISATION

Wählen Sie eine konkrete Spendenorganisation statt eines Spendenportals. So können Sie gezielter Projekte wählen und Auskunft über die Verwendung der Gelder erhalten. Prüfen Sie Ihnen unbekannte Hilfsorganisationen mit der Checkliste unter test.de/spenden.

SERIOSITÄT PRÜFEN

Checken Sie die Webseite der Spendenorganisation. Wird dort umfassend über Projekte informiert, Leitung und Kontaktadressen genannt sowie ein Jahresbericht veröffentlicht?

SIEGEL, LABEL ODER ZERTIFIKAT

Am aussagekräftigsten ist das Siegel des Deutschen Zentralinstituts für soziale Fragen (dzi.de). Das erhält nur, wer sich von ihm prüfen lässt. Hilfreich sind auch das Zertifikat des Deutschen Spendenrates und das Label Initiative Transparente Zivilgesellschaft (ITZ).

SPENDENBETRAG WÄHLEN

Zahlungen bis 150 Euro sollten Sie nicht auf verschiedene Organisationen verteilen, denn jede Spende verursacht Verwaltungskosten, die Ihren Betrag schmälern. Daueraufträge unterstützen nachhaltiger als Einmalspenden.

DIGITAL SPENDEN

Online existieren verschiedene Fundraising-Plattformen, bei denen gemeinnützige Spenden möglich sind. Beim Charity-Shopping geht man über spezielle Vermittlerseiten auf dein eigentlichen Online-Shop. Der Vermittler spendet einen Teil seiner Provision für soziale oder gemeinnützige Zwecke.

STEUERN

Spenden an gemeinnützige Vereine und Stiftungen lassen sich von der Steuer absetzen. Bis zu 20 Prozent der Einkünfte erkennt das Finanzamt als Sonderausgaben an, bis 300 Euro pro Jahr auch ohne Spendennachweis. Ihren persönlichen Steuervorteil können Sie berechnen unter test.de/spendenrechner.

NACHHALTIGE BANKEN

Sie haben ethische Grundsätze und finanzieren soziale Projekte. Führen Sie dort Ihr Konto, kann die Bank mit dem eingesammelten Geld Kredite an gezielte Engagements vergeben oder es am Kapitalmarkt nach strengen Auswahlkriterien anlegen. Im Juni 2023 hat Finanztest 16 nachhaltige Banken untersucht. Die Ergebnisse finden Sie im Heft sowie unter test.de, Stichwort „nachhaltige Banken".

unsere Euphorie schnell wieder auf Normalniveau ein. Das gilt auch für eine Gehaltserhöhung oder Erbschaft. Selbst nach einem Lottogewinn hält die Euphorie selten länger als paar Tage lang an. Experten bezeichnen diesen Effekt als hedonistische Gewöhnung.

Stellt sich die Frage: Wie gibt man Geld so für andere aus, dass es einem selbst möglichst guttut? Dafür gibt es ein paar einfache Regeln, deren Befolgen das eigene Wohlbefinden steigert – ohne Großzügigkeit und Uneigennützigkeit zu untergraben.

1 EMOTIONALE NÄHE: Unsere Glücksgefühle sind umso größer, je näher wir der beschenkten Person innerlich stehen. Anonyme Spenden an große Hilfsorganisationen lösen weniger positive Emotionen aus, als Geschenke an Freunde und Verwandte. Fotos von Menschen, denen unsere Spende zugutekommt – zum Beispiel ein hungerndes Kind oder Betroffene eines Erdbebens – oder die detaillierte Beschreibung eines Hilfsprojektes erhöhen sowohl unsere Spendenbereitschaft als auch unsere Glücksgefühle.

2 OHNE HINTERGEDANKEN: Glück und Zufriedenheit nehmen in dem Maß ab, wie wir uns zum Schenken verpflichtet fühlen – sei es auf Betreiben einer anderen Person, als Revanche für ein erhaltenes Geschenk oder um etwas zu erreichen. Genauso wenig hilft es, als Schenkender eine Gegenleistung zu erwarten. Den meisten emotionalen Nutzen ziehen wir, wenn wir frei entscheiden können, ob, was und wie viel wir schenken beziehungsweise spenden.

3 WERT ZWEITRANGIG: Je wertvoller das Geschenk, desto größer unser Glücksgefühl? Irrtum! Auch kleinere Geschenke wie die persönliche Grußkarte oder der Blumenstrauß aus dem eigenen Garten sorgen für Zufriedenheit bei Schenkendem und Empfänger. Das gilt sogar für Aufmerksamkeiten wie den Schoko-Nikolaus vor Weihnachten oder das Teelicht zum Geburtstag.

4 EFFEKTIVER ALTRUISMUS: Die Spende soll möglichst viel bewirken? Hiermit befasst sich eine eigene philosophische Strömung, die kühl Kosten und Nutzen abwägt. Mit 1000 Euro könnte etwa eine Schule das Klassenzimmer renovieren. Eine Hilfsorganisation könnte damit vielleicht 100 weitere Spender mobilisieren, eine regierende Partei gar ein millionenschweres Förderpaket aufsetzen. Aber vielleicht auch nicht. Die Schule selbst freut sich bestimmt über die direkte Spende. Letztlich ist es immer eine Abwägung.

Geld sinnvoll einsetzen und sich wohlfühlen

Ruhe bewahren, weitermachen und regelmäßig Geld anlegen

Keep calm and carry on investing. So könnten wir den erst mit vielen Jahrzehnten Verzögerung berühmt gewordenen Leitspruch des britischen Propaganda-Ministeriums aus dem Jahr 1939 für unsere Zwecke abwandeln.

Wer sich unsicher fühlt, spart mehr Geld und konsumiert weniger. Das wissen wir nicht erst seit Ausbruch des Ukrainekrieges im Februar 2022. Zunehmende Angst vor einer drohenden finanziellen Notsituation führt zu allen Zeiten dazu, dass sich Menschen verstärkt absichern und Vorsorge für ihre Zukunft treffen.

Interessanterweise empfinden Menschen mit ausgeprägten sozialen Kontakten die Angst vor dem, was da auf sie zukommen könnte, weniger stark – und legen folglich weniger Geld auf die hohe Kante. Das ergab zumindest eine 2019 veröffentlichte Studie der Universitäten Tel Aviv und Hongkong. Freunde, so die Forschenden, könnten Geld als psychologische Ressource sogar ersetzen und Menschen die Angst vor der Zukunft nehmen.

Trotzdem sollten auch Leute mit positiver Selbstwahrnehmung und erfülltem Sozialleben nicht darauf verzichten, Vorsorge zu treffen. Das gilt sowohl für kurz- und mittelfristige Vorhaben, zum anderen für die Zeit nach dem Berufsleben.

Mittlerweile hat sich herumgesprochen, dass die gesetzliche Rente allein bei den meisten Menschen nicht ausreichen wird, um im Ruhestand den gewohnten Lebensstandard zu halten. Auch die staatlich geförderte Riester-Rente stopft allenfalls einen Teil der dadurch entstehenden Versorgungslücke. Aus diesem Grund sind eine abbezahlte Immobilie, eine Betriebsrente oder ein gut gefülltes Wertpapierdepot wichtige Bausteine der Altersvorsorge.

Die Logik gebietet, möglichst früh damit zu beginnen. Doch, eigenartig: Je weiter der Beginn des Ruhestandes in der Zukunft liegt, desto schwerer raffen wir uns auf. Weder schockiert uns die Angst vor Altersarmut, noch empfinden wir Glücksgefühle beim frühzeitigen Gegensteuern. Zu unsicher und nebulös erscheint uns das, was in 20 oder 30 Jahren sein wird. Abschreckend wirken vor allem lange Laufzeiten und fixe Beiträge. Einmal mehr zeigt sich: Wir nehmen lieber den Spatz in der Hand als die Taube auf dem Dach.

7

Es ist mal wieder unsere Psyche, die gegen uns arbeitet: Wir sind evolutionsgeschichtlich darauf konditioniert, für Dinge, die wir tun, eine sofortige Belohnung zu erhalten. Geduld und jahrelanges Warten liegen nicht in unserer Natur.

Aber durch stete Wiederholung etablieren wir neues Wissen, neue Routinen und ein neues, positives Money Mindset.

1 GELD REFRAMEN: In „Vorsorge" steckt „Sorge" – das macht nicht eben Lust, sich mit dem Thema auseinanderzusetzen. Wir wollen nicht für den Fall der Krankheit, Pflegebedürftigkeit, Altersarmut oder Tod vorsorgen. Wir haben einen „künftigen Wohlstand" als Ziel. Ausreichend Geld im Alter wird ein entscheidender Faktor sein, wie glücklich, gesund und zufrieden wir später einmal sein werden. Und wer bis hierhin noch immer nicht reich sein will, der möchte sicherlich zumindest wohlhabend und abgesichert sein.

2 GELD ORGANISIEREN: Wir sind jung und brauchen das Geld. Aber wie viel genau kommt rein, was geht raus? Ein ständiger Überblick darüber mag lästig sein – ist aber Pflichtprogramm. Unnötige Ausgaben sollten wir reduzieren, aber ohne das Gefühl zu haben, uns zu sehr einschränken zu müssen. Mehr Geld am Monatsende ist am wirksamsten über ein höheres Gehalt erreichbar.

3 GELD ANLEGEN: Stellen wir uns unser Leben vor, wenn wir 60 oder 70 Jahre alt sind. Wie sollen unsere Finanzen dann aussehen, wie wollen wir leben? Wer keine große Erbschaft zu erwarten hat, sollte sich nicht aufs Lottospielen verlassen – und schon gar nicht risikoreichen Investments hinterherlaufen. Langsam aber sicher wächst das eigene Vermögen dank eines regelmäßigen ETF-Sparplans auf einen Welt-Index im Renditebaustein, gepaart mit Zinsanlagen im Sicherheitsbaustein.

4 GELD NUTZEN: Beweisen wir uns und allen anderen, dass Geld und Gier nicht zwangsläufig Hand in Hand gehen. Unser Vermögen werden wir durch einen fleißigen und ausdauernden Sparplan aufgebaut haben, gerne auch mithilfe von Indizes, die nachhaltige Investments im Fokus haben. Wir setzen es ein, um uns und unseren Liebsten ein gutes Leben zu ermöglichen, um einen Teil zu spenden und zu schenken. Geld ist für uns weniger Machtinstrument als ein Mittel zur Erfüllung von Wünschen und Zielen. All das und mehr beinhaltet unser neues, positives Money Mindset.

Geld sinnvoll einsetzen und sich wohlfühlen

SERVICE

STICHWORT-VERZEICHNIS

Die Stiftung Warentest wurde 1964 auf Beschluss des Deutschen Bundestages gegründet, um dem Verbraucher durch vergleichende Tests von Waren und Dienstleistungen eine unabhängige und objektive Unterstützung zu bieten.

Der Autor Christian Eigner ist freier Journalist und Autor mit dem Schwerpunkt Verbraucherthemen. Er arbeitet regelmäßig für Finanztest. Im Buchprogramm der Stiftung Warentest hat er bereits mehrere Ratgeber verfasst, unter anderem „Private Altersvorsorge" und „Das Spar-Set".

© **2023 Stiftung Warentest, Berlin**

Stiftung Warentest
Lützowplatz 11–13
10785 Berlin
Telefon 0 30/26 31–0
Fax 0 30/26 31–25 25
www.test.de
email@stiftung-warentest.de

USt-IdNr.: DE136725570

Vorstand: Hubertus Primus
Weitere Mitglieder der Geschäftsleitung:
Dr. Holger Brackemann, Julia Bönisch, Daniel Gläser

Programmleitung: Niclas Dewitz
Autor: Christian Eigner
Projektleitung: Johannes Tretau
Lektorat: Heike Plank

Korrektorat: Dirk Drews, Mühlheim am Main
Fachliche Unterstützung: Max Schmutzer
Titelentwurf, Layout: Christian Königsmann
Grafiken und Satz: Anna Bakalovic, Berlin
Illustrationen: Anna Bakalovic, Berlin
Bildnachweis: Gettyimages: S. 4, 37, 43, 80, 138: 13ree_design; S. 13: appleuzr; S. 80: Amanda Goehlert, Esra Sen Kula, bounward; S. 2: bsd555; S. 123: Yutthana Gaetgeaw, nadia_bormotova; S. 42, 138: designer29; S. 142: YasnaTen; S. 156: yulia_lavrova; S. 173: da-vooda

Produktion: Christian Königsmann
Verlagsherstellung: Rita Brosius (Ltg.), Romy Alig, Susanne Beeh
Litho: tiff.any, Berlin
Druck: Kirchner Print.Media GmbH & Co. KG, Kirchlengern

ISBN: 978-3-7471-0684-6

Wir haben für dieses Buch 100 % Recyclingpapier und mineralölfreie Druckfarben verwendet. Stiftung Warentest druckt ausschließlich in Deutschland, weil hier hohe Umweltstandards gelten und kurze Transportwege für geringe CO_2-Emissionen sorgen. Auch die Weiterverarbeitung erfolgt ausschließlich in Deutschland.